Le secret des 7 Merveilles du monde

Direction de la publication : Carine Girac-Marinier

Édition : Eléna Chryssos

Conception graphique et couverture : Sophie Rivoire

Mise en pages : SKGD-Création

Lecture-correction : Sophie Petitprêtre

Fabrication : Axelle Hosten

ISBN : 978-2-03-601423-7

Loi n° 49-956 du 16 juillet 1949 sur les publications destinées à la jeunesse, modifiée par la loi n° 2011-525 du 17 mai 2011.

POCHE ESCAPE GAME

Le secret des 7 Merveilles du monde

Gilles Saint-Martin

LAROUSSE

LES ESCAPE GAMES DE POCHE

Le scénario de cet ESCAPE GAME de poche te permet de vivre une aventure à la croisée des Escape Games classiques, des jeux vidéo d'aventure et des Livres dont vous êtes le héros®.

Enfermé quelque part, tu dois explorer ton environnement et résoudre des énigmes ou utiliser les objets à ta disposition pour t'échapper ou progresser en un temps limité. Observation, réflexion et imagination te guideront vers la sortie.

Ce livre se décompose en plusieurs sections :

L'aventure

La lecture de ce livre n'est pas linéaire. Cela veut dire qu'elle ne se fera pas comme tu en as l'habitude.

Chaque paragraphe comporte un numéro. À la fin d'un paragraphe, tu peux être invité à choisir un chemin qui porte lui aussi un numéro.

Une fois ton choix fait, tu dois lire le paragraphe correspondant.

Par exemple :

Te voilà enfin sur le site de Gizeh !

Si tu veux directement te rendre à la pyramide de Kheops, lis le paragraphe **58**. Sinon, tu peux prendre le temps de monter sur un promontoire (**31**) ou t'approcher du Sphinx (**17**).

Tu vas également rencontrer des énigmes tout au long de ton aventure. Selon les cas, elles pourront te conduire à un paragraphe indiqué ou à un numéro que tu devras trouver en résolvant un casse-tête.

Quoi qu'il en soit, si tu arrives à un paragraphe qui n'a rien à voir avec l'histoire, c'est que tu t'es trompé. Rassure-toi, cela arrive à tout le monde ! Si c'est le cas, reviens à l'énigme de départ et réfléchis à nouveau.

Les solutions

Durant ton aventure, tu seras virtuellement accompagné par Ariane, ta collaboratrice. En effet, même si tu es seul sur le terrain, tes lunettes connectées par satellite sont équipées d'un écouteur, d'un micro, d'une caméra et d'un affichage intégré qui te permettent de communiquer et d'échanger des informations avec elle.

Si tu ne parviens pas à résoudre une énigme ou que tu te trompes, Ariane sera toujours là pour te donner la solution, que tu trouveras à la fin de l'ouvrage au chapitre **Solutions**, au même numéro de paragraphe que celui de l'énigme.

Mais attention ! Chaque fois que tu feras appel aux solutions d'Ariane, tu devras le mentionner dans ta **Feuille de route** (p. 13) en cochant une des cases **Solutions** qui s'y trouvent.

Les indices

Si tu hésites devant une énigme et que tu ne souhaites pas faire intervenir ton amie Ariane, tu peux d'abord interroger l'intelligence artificielle qui est intégrée à ta montre. Pour les paragraphes correspondant à des énigmes, tu trouveras à la fin de l'ouvrage, au chapitre **Indices** et au numéro correspondant, des indications qui t'aideront beaucoup. Chaque fois que tu iras lire un indice, tu devras le noter sur ta **Feuille de route** en cochant une des cases **Indices**.

Les pièces spéciales

Durant ton aventure, tu pourras trouver des pièces d'or spéciales cachées dans le décor. Observe bien les illustrations. Chaque fois que tu trouveras une de ces pièces, tu devras le noter sur ta **Feuille de route** en cochant une case **Pièces**.

La feuille de route

Après avoir lu l'introduction de cette histoire, tu auras accès à ta **Feuille de route**. Tu pourras y cocher les **Pièces**, les **Solutions** et les **Indices**, tenir à jour l'**Inventaire** des objets que tu auras récoltés au cours de ton aventure et prendre des **Notes**. N'oublie pas d'y noter l'**Heure de début** de ta partie.

Les bons aventuriers sont rapides !

Pour bien réussir, tu as... 2 HEURES !

INTRODUCTION

Un trésor énigmatique

Ton nom est Théo Montibus. Tu as un métier peu courant et qui fait rêver : chasseur de trésors. Passionné par l'Histoire, tu cherches des détails souvent négligés. Friand de voyages et d'aventures, tu n'hésites pas à te rendre dans des régions sauvages et inaccessibles. Ces atouts t'ont permis de découvrir des objets du passé que l'on croyait perdus à jamais et dont, parfois, on ne soupçonnait même pas l'existence. Beaucoup font aujourd'hui le bonheur des musées du monde entier et de leurs visiteurs. Contrairement à certains de tes confrères, ce n'est pas l'argent qui t'intéresse, mais la satisfaction de contribuer à préserver la mémoire et le patrimoine de l'humanité.

Ce matin, tu es à bord d'un hélicoptère qui vole droit vers l'île de Malte, au sud de la Sicile. Ariane, ton amie et collaboratrice, manœuvre l'appareil avec habileté et se permet même quelques phases de vol en stationnaire afin de profiter du spectacle des dauphins qui bondissent dans l'eau scintillante de la Méditerranée. Comme toi, elle a le sourire aux lèvres.

Vous avez tous deux bon espoir de trouver enfin ce que vous cherchez. Après des mois d'enquête et de recherches dans les bibliothèques et les anciennes com-manderies d'Europe, vous êtes convaincus qu'un artefact exceptionnel se trouve dans les vestiges d'un château de cette île.

« Il est là, droit devant ! s'écrie Ariane.

– Le soleil lui donne un air mystique », commentes-tu.

Ce château en ruine est l'héritage des chevaliers de l'ordre de Malte, une branche de l'ordre des templiers qui a prospéré durant plusieurs siècles et qui ne s'est éteinte qu'avec l'arrivée du général Bonaparte, au

début de la campagne d'Égypte. Si les chevaliers ont jalousement gardé le secret de cet artefact durant des siècles, c'est qu'il devait être très précieux à leurs yeux. Les mystères entourant les templiers sont nombreux. Que tu sois sur le point d'en percer un est formidable !

Il n'y a personne en cette heure matinale, ce qui est parfait pour une exploration discrète. Cependant, Ariane décide d'atterrir à quelques centaines de mètres du château pour ne pas attirer l'attention. Tu débarques sans attendre et pars au pas de course, impatient d'explorer cette forteresse qui a traversé des siècles d'Histoire. Ariane reste à bord, veillant sur toi comme à son habitude et se tenant prête à agir à la moindre alerte. Ariane aura à cœur de surveiller que certains de vos confrères ne viennent pas vous devancer sur la piste du trésor.

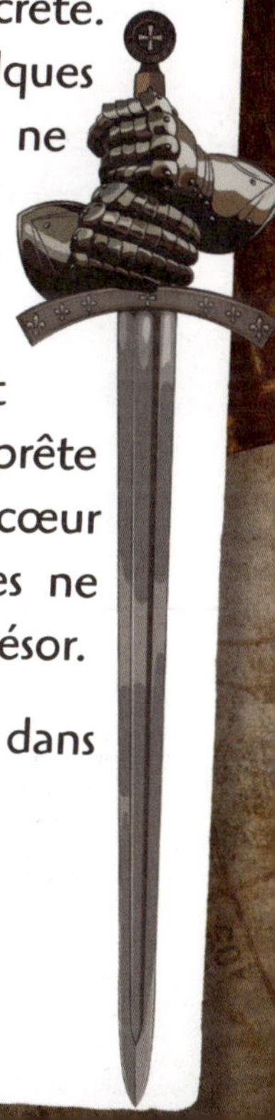

« Fais attention à toi, déclare Ariane dans l'écouteur de tes lunettes.

– Tu as vu quelque chose ?

– Je viens d'entendre le bruit d'un bateau qui approche à grande vitesse.

– Ce n'est sûrement rien. Je vais entrer. »

Après avoir vérifié ton équipement, tu pénètres dans le château par la grande porte. Rends-toi au paragraphe 1.

À TOI DE JOUER !

Feuille de route

Inventaire

- Sac à dos ____________
- Lunettes connectées ____________
- Montre intelligente ____________
- Lampe torche ____________

____________ ____________

Pièces

Indices

Solutions

Heure de début

_ _ : _ _

Heure de fin

_ _ : _ _

1

Beaucoup de touristes visitent ce château. S'ils se contentent généralement de profiter du spectacle des épaisses murailles et de la vue splendide sur la mer, tu es, pour ta part, attentif au moindre détail. C'est une marque cachée sur la pierre que tu recherches. À la faveur du soleil levant, une ombre en forme de croix templière apparaît comme par magie sur l'un des murs. C'est pour voir ce signe éphémère qui n'apparaît qu'une fois par an qu'Ariane et toi êtes venus si tôt ce matin.

« Bravo Théo ! s'écrie Ariane, qui a tout vu grâce à tes lunettes. Tu n'as plus qu'à trouver le passage, maintenant. »

Durant un bref instant, tu as l'impression d'être observé. Tu regardes autour de toi, mais tu ne vois personne. Au pied du mur, tu remarques une dalle recouverte de végétation. Tu la soulèves et aperçois un trou dans lequel tu descends, la lampe torche entre les dents. Quelques mètres plus bas, tu arrives dans une petite salle basse de plafond dans laquelle règne une odeur nauséabonde.

Tout à coup, un objet tombe au sol. C'est un bâton de dynamite ! Heureusement, sa mèche s'éteint dans la poussière. Alors que tu le ramasses, une grenade jaillit de l'ouverture par laquelle tu es entré. Elle est dégoupillée !

Tu bondis vers la seule issue possible : un étroit tunnel envahi de toiles d'araignées.

BAOUM !

Lis le paragraphe 23.

2

Tu arrives à un croisement où un musicien joue du saz. Tu peux aller à l'ouest (53), à l'est (85) ou entrer dans un grand bâtiment (14).

3

En isolant les colonnes, tu es beaucoup plus efficace dans tes recherches !

Si c'est bien ce que tu as trouvé, lis le paragraphe 55. Sinon, tu dois demander de l'aide à Ariane au paragraphe 72 du chapitre **Solutions**.

4

Quel que soit l'anneau par lequel est suspendu l'assemblage, tu remarques que la ligne verticale matérialisée par la ficelle passe toujours par le même symbole : Ψ.

Si c'est bien ce que tu as trouvé, lis le paragraphe 62. Sinon, tu dois demander de l'aide à Ariane au paragraphe 24 du chapitre **Solutions**.

5

Le soleil levant étend sur la mer un voile d'or. À la barre, Ariane a mis le cap droit vers le point GPS désigné par le symbole du trident. Qu'est-ce qui se cache sous l'eau ? Vous le saurez bientôt. Votre bateau est idéalement équipé pour l'exploration sous-marine. Il dispose en effet d'un petit bathyscaphe. En complément, tu as évidemment pris ton équipement de plongée.

Vous êtes presque arrivés à votre destination lorsqu'un point sur le radar attire votre attention.

« Un bateau nous suit, annonce Ariane.

– La concurrence ! Comment ont-ils fait pour nous retrouver ?

– Si nous mettons le bathyscaphe à l'eau à l'endroit prévu, nous allons les attirer droit vers le trésor. Qu'allons-nous faire ? »

Choisis une stratégie :

• s'arrêter au-delà du point prévu pour mettre le bathyscaphe à l'eau, puis naviguer en immersion et donc caché jusqu'au bon endroit (48) ;

• plonger discrètement lorsque tu passeras juste au-dessus du point prévu, tandis qu'Ariane continuera avec le bateau pour tromper vos poursuivants (92).

6

Tu plonges et descends directement vers le fond. Au-dessus de toi, la coque du bateau d'Ariane s'éloigne à grande vitesse. Peu après, celle de la concurrence passe en suivant la même trajectoire.

La chance est avec toi, tu as réussi à atteindre ton objectif sans te faire repérer ! Tu poursuis sereinement ta nage vers le point GPS. Tu y es presque ! Lis le paragraphe 18.

7

Il ne reste du temple que des morceaux de colonnes. Tu es convaincu que l'une d'entre elles porte un signe particulier, il suffit de trouver laquelle… Peut-être en cherchant une logique dans ces ruines ?

Si tu penses avoir trouvé la solution, lis le paragraphe 76.

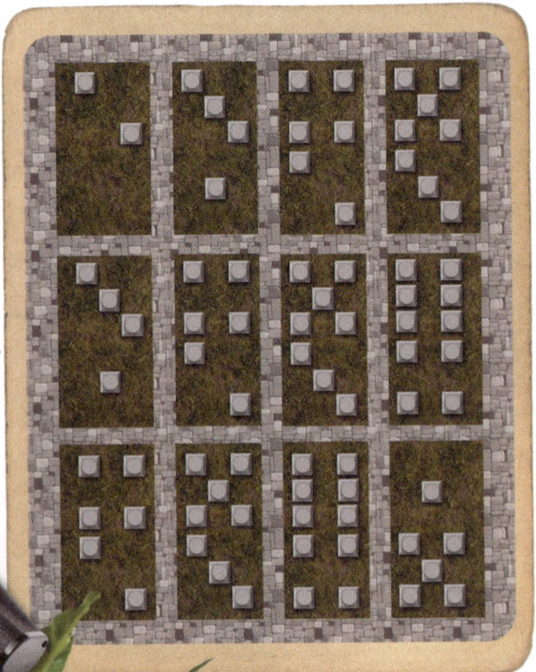

8

Grâce à une navigation efficace, tu atteins sans encombre ton objectif. Malheureusement, le relief sous-marin t'empêche d'aller plus loin avec le bathyscaphe. Tu enfiles ton équipement de plongée et sors par le sas pour poursuivre à la nage. Tu y es presque ! Lis le paragraphe 18.

9

Tu avances dans le tunnel et aboutis peu après à la salle où a eu lieu l'explosion. Serais-tu perdu ? Lis le paragraphe 47.

10

Attention, le temps t'est compté car la concurrence a peut-être lu et décodé le message des templiers, ce qui pourrait la mettre elle aussi sur la piste des Sept Merveilles du monde antique !

Choisis ta prochaine destination :

- la statue de Zeus à Olympie (20) ;
- le temple d'Artémis à Éphèse (30) ;
- le tombeau de Mausole à Halicarnasse (40) ;
- le colosse de Rhodes (50) ;
- les jardins suspendus de Babylone (60) ;
- le phare d'Alexandrie (70).

Si tu as visité tous ces lieux, lis le paragraphe 80.

11

Pas de chance, une voiture te percute ! Le choc est terrible et tu t'évanouis en retombant lourdement sur le sol. Lis le paragraphe **86**.

12

La pierre portant le numéro 15 attire ton attention.

Si c'est bien ce que tu as trouvé, lis le paragraphe **46**. Sinon, tu dois demander de l'aide à Ariane au paragraphe **75** du chapitre **Solutions**.

13

Le message dit : « CE JOYAU BLEU AZUR EST LA MÉMOIRE DE SEPT GÉANTS ANTIQUES GARDANT UN SECRET ENGLOUTI. » Si c'est bien ce que tu as trouvé, lis le paragraphe **83**. Sinon, tu dois demander de l'aide à Ariane au paragraphe **99** du chapitre **Solutions**.

14

Le bâtiment dans lequel tu entres est une halle dans laquelle se tient un marché. Il y a beaucoup de bruit et d'agitation, ce qui te semble parfait pour passer inaperçu. Tu y restes un long moment, cherchant du regard celui qui te suit, mais tu ne le vois pas. En revanche, tu remarques un autre homme qui t'observe. Tu décides de quitter le bâtiment. Il y a des issues au nord (2), à l'ouest (53), à l'est (61) et au sud (81).

15

Tu arrives dans la chambre de la reine, le point central de la pyramide. Tu examines attentivement tous les recoins de cette salle. Plusieurs conduits en partent, mais ils sont beaucoup trop petits pour que tu puisses t'y glisser. Il règne un silence de mort, mais tu en as vu d'autres. Tout à coup, tu entends un bruit !

Lis le paragraphe 68.

16

Vous allez à la bibliothèque d'Olympie, où vous trouvez un plan détaillé du site antique.

« Regarde, Théo : le temple de Zeus est ici, dit Ariane.

– Et sa statue était évidemment à l'intérieur. »

Vous voilà suffisamment renseignés pour mener des recherches efficaces. Lis le paragraphe 72.

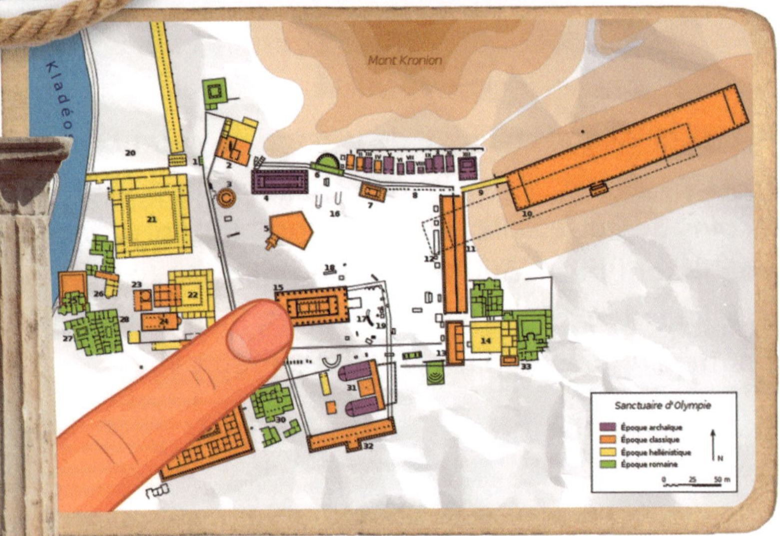

17

Tu te rends devant le Sphinx, qui semble veiller pour l'éternité sur les tombeaux des pharaons. Dans la mythologie grecque, le Sphinx gardait la route qui menait à la cité de Thèbes et posait l'énigme suivante aux voyageurs : « Quel est l'animal qui n'a qu'une voix et qui, d'abord quadrupède, devient successivement bipède et tripède ? » La réponse est l'Homme, qui marche à quatre pattes lorsqu'il est bébé, se dresse ensuite sur ses deux pieds lorsqu'il grandit, et s'aide d'une canne lorsqu'il devient vieux.

Tu ne trouves malheureusement rien d'intéressant.

Tu peux maintenant prendre le chemin de la pyramide de Kheops (58) ou faire un détour pour monter sur un promontoire qui domine le site (31).

18

Le paysage sous-marin est merveilleux et le silence envoûtant. Tu es exactement à l'endroit indiqué par le trident, mais tu ne sais pas vraiment quoi chercher. Est-ce une épave, une cargaison, des ruines ou autre chose ?

Tout à coup, un énorme poisson te frôle. C'est un grand requin blanc ! Tu en vois plein d'autres qui se mettent à tournoyer autour de toi. Observe-les attentivement pour savoir quelle attitude adopter.

Si tu penses avoir trouvé la solution, lis le paragraphe 73.

19

Les jardins avaient forcément besoin d'eau. En parcourant les ruines, tu trouves des traces d'anciens réservoirs, mais aucun d'entre eux ne comporte le moindre signe particulier. Après avoir passé des heures à chercher, tu finis par te résoudre à une autre option. Tu peux continuer d'explorer les ruines en quête de vestiges d'un bâtiment étagé (33), interroger des archéologues (54) ou bien revenir à l'hélicoptère pour discuter avec Ariane (65).

20

Vous prenez la direction du célèbre complexe antique d'Olympie. Durant le voyage, tu consultes ta montre afin d'en savoir plus sur la statue de Zeus. Elle le représentait assis sur son trône. C'était une sculpture chryséléphantine, ce qui signifie qu'elle était faite d'or et d'ivoire. D'abord érigée à Olympie, elle a ensuite été déplacée, puis détruite lors d'un incendie.

C'est à Olympie que sont nés les jeux Olympiques. C'est aussi là que la flamme est rallumée tous les quatre ans par des prêtresses d'Héra. Comme tu l'as fait pour sortir du château des templiers, les prêtresses utilisent la lumière du soleil et un miroir pour créer la flamme.

Vas-tu directement fouiller les ruines pour chercher une trace de la statue (43), ou préfères-tu d'abord te renseigner sur le site antique (16) ?

21

Tout le monde pense qu'il ne reste rien du colosse de Rhodes, mais tu veux garder espoir. On le représente souvent les jambes écartées, surplombant l'entrée du port. Arrivé sur la jetée, tu analyses la configuration des lieux. Il n'y a pas la moindre trace d'une construction antique.

« Qu'en penses-tu, Ariane ? demandes-tu.

– Les rochers bordant l'entrée du port sont écartés d'environ 40 mètres, Théo.

– Et alors ?

– Si le colosse était ici, comme il se tenait debout, cela voudrait dire qu'il mesurait près de 100 mètres de haut.

– Nous avons vu dans plusieurs livres qu'il mesurait environ 30 mètres. Les historiens sont globalement d'accord sur ce chiffre.

– Exactement. C'est bien pour ça que le colosse ne pouvait pas enjamber l'entrée du port.

– Certaines sources le représentent cependant les jambes serrées à cet endroit précis.

– C'est vrai, mais de nombreuses fouilles ont été réalisées et aucune n'a jamais été fructueuse. »

Cette conclusion te fait décider de chercher ailleurs. Tu peux te rendre en ville (67) ou sur la colline dominant le port (95).

22

Tu remarques une FISSURE dans le mur. C'est une faiblesse que tu peux exploiter !

Si c'est bien ce que tu as trouvé, lis le paragraphe 87. Sinon, tu dois demander de l'aide à Ariane au paragraphe 78 du chapitre **Solutions**.

23

La grenade explose et le souffle te projette en avant. Par chance, tu t'en sors indemne. Groggy, tu te relèves en te disant que tu as été bien inspiré de ramasser la dynamite. Si la grenade avait explosé à côté, tu n'aurais pas survécu. Note dans ton **inventaire** que tu possèdes un **BÂTON DE DYNAMITE**.

Tu n'entends plus Ariane dans l'écouteur de tes lunettes. Te voilà seul dans les sous-sols d'un ancien château templier !

Que vas-tu faire ? Tu peux revenir sur tes pas pour chercher une issue dans la salle où a eu lieu l'explosion (47) ou avancer dans le tunnel (74).

24

De retour à Venise, vous faites le point sur cette chasse au trésor. D'abord partis à la recherche d'un artefact dans un château templier, vous avez trouvé un bijou qui vous a mis sur la piste des Sept Merveilles du monde antique. Ces monuments ont presque tous disparu, mais grâce à votre travail d'équipe exemplaire, vous avez rassemblé sept symboles qui y étaient cachés. Comme leur signification reste encore énigmatique, vous décidez de vous concentrer sur le bijou et la pierre précieuse. Leur forme étrange et ces symboles grecs sont certainement la clé du mystère.

« Théo, la pierre bleue est une topaze, révèle Ariane en feuilletant un livre sur les gemmes. As-tu remarqué qu'elle a la même forme que le bijou en or ?

– Brillant, Ariane ! Laisse-moi essayer quelque chose. »

Tu prends le joyau et l'insères à l'intérieur du bijou. Les deux objets s'emboîtent parfaitement pour former un assemblage très esthétique.

« Excellent ! jubile Ariane. Et que penses-tu de ces anneaux à chaque coin ?

– De simples décorations.

– Non, je ne crois pas. Laisse-moi essayer quelque chose. »

Ariane prend une ficelle dans un tiroir du bureau et y suspend successivement l'assemblage par les quatre anneaux.

« Que remarques-tu, Théo ? »

Si tu penses avoir trouvé la solution, lis le paragraphe 4.

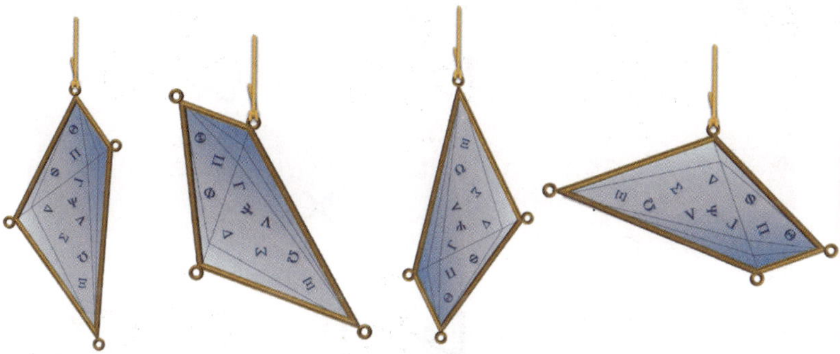

25

Plus tu rampes, plus le sol est humide. Une odeur de moisissure flotte dans l'air et tu entends des couinements. Tu aboutis à une petite salle dont les murs sont parsemés de passages encore plus étroits. Le sol grouille de rats et tu décides de ne pas t'attarder dans ce qui est de toute évidence un ancien collecteur d'égouts.

Dans un recoin, tu remarques un coffret rouillé frappé d'une croix templière. Il contient un parchemin. C'est un codex !

Note dans ton **inventaire** que tu possèdes un **CODEX TEMPLIER**. Il n'y a pas d'autre issue et tu dois faire demi-tour jusqu'à l'embranchement. Vas-tu prendre à gauche (**9**), à droite (**52**) ou tout droit (**96**) ?

26

Le musée de Rhodes est rempli de pièces archéologiques. Il y a des poteries, des mosaïques et beaucoup d'autres trésors qui n'ont malheureusement aucun intérêt pour toi. Tu en fais néanmoins le tour, attentif à toutes les pièces exposées, mais tes efforts ne sont pas récompensés et tu ressors sans être plus avancé qu'en entrant.

Où vas-tu aller maintenant ? Tu peux te diriger vers le centre d'archéologie (82), ou aller hors de la ville pour te rendre sur la jetée (21) ou sur la colline dominant le port (95).

27

Tu plonges et descends directement vers le fond. Au-dessus de toi, la coque du bateau d'Ariane s'éloigne à grande vitesse. Peu après, celle de la concurrence arrive et s'arrête. Trois plongeurs entrent dans l'eau. Ils sont armés de fusils sous-marins !

Tu vas aussitôt te cacher derrière des rochers. Les plongeurs te cherchent et communiquent par signes. En les observant, tu comprends qu'ils vont se séparer. L'un d'eux va monter et les deux autres vont aller à gauche et à droite.

Détermine quel plongeur va dans chaque direction, en sachant que celui qui va monter dit vrai et que celui qui va aller à droite ment.

Si tu penses avoir trouvé la solution, lis le paragraphe 89.

28

Tu atteins un embranchement où jouent des enfants. Tu peux te diriger vers l'ouest (85), le nord (41) ou le sud (61).

29

La case qui permet de parcourir toute la trajectoire est mise en surbrillance sur le radar.

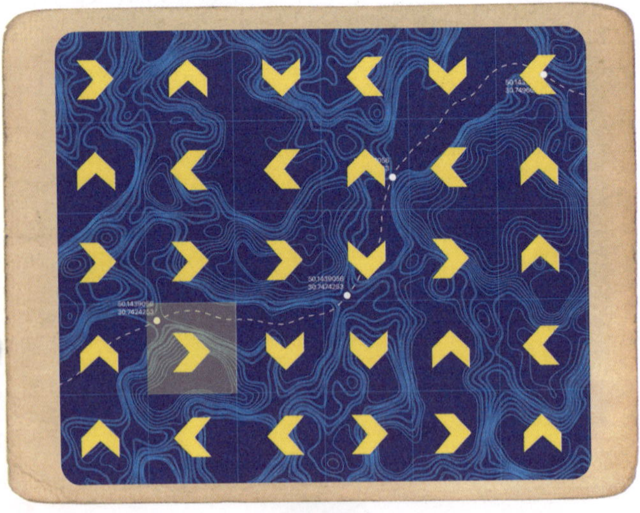

Si c'est bien ce que tu as trouvé, lis le paragraphe 8. Sinon, tu dois demander de l'aide à Ariane au paragraphe 48 du chapitre **Solutions**.

30

Vous prenez la direction d'Éphèse, là où se situait jadis le temple d'Artémis. Durant le voyage, tu consultes ta montre afin d'en savoir plus sur cet édifice. Dédié à la déesse de la chasse et de la nature, il avait des dimensions colossales et arborait de magnifiques décorations. Étrange coïncidence : le temple a été incendié le jour de la naissance d'Alexandre le Grand !

C'est donc en Turquie, non loin des côtes de la mer Égée, que vous vous posez. Lorsque tu prends la direction des ruines du temple, tu remarques un homme qui te suit. Travaille-t-il pour la concurrence ?

Si tu veux malgré tout te rendre directement au temple d'Artémis, lis le paragraphe **63**. Si tu préfères d'abord tenter de semer cet inquiétant individu, lis le paragraphe **94**.

31

La vue est bien meilleure du haut du promontoire. Tu en profites pour observer les gens qui sont présent sur le site. Il y a bien sûr des touristes qui, pour certains, enchaînent les selfies devant ces monuments millénaires sans vraiment les contempler, mais c'est surtout un petit groupe d'individus situé à l'écart qui attire ton attention. Ils portent des vêtements paramilitaires.

« Tu as vu ça, Ariane ?

– Oui, Théo. Ce sont certainement des mercenaires qui travaillent pour la concurrence. Ils cherchent la même chose que nous. Fais attention ! »

C'est un gros avantage de savoir que tes rivaux sont ici. **Lorsque tu entendras un bruit dans la pyramide, tu ajouteras 20 au numéro du paragraphe où tu te trouveras alors et tu iras lire ce nouveau paragraphe à la place de celui qui te sera indiqué.**

Où veux-tu aller maintenant ? Tu peux te rendre directement à la pyramide de Kheops (58) ou t'approcher du Sphinx (17).

32

Tu continues à nager comme si de rien n'était. Les requins te suivent en tournoyant, mais finissent par se désintéresser de toi et s'éloignent. Soudain, tu aperçois une forme étrange.

Tu t'en approches en battant des palmes et comprends qu'il s'agit d'une construction.

« Ariane, où en es-tu à la surface ? demandes-tu.

– J'ai semé la concurrence. Je suis en train de manœuvrer pour revenir vers toi.

– Très bien. J'ai trouvé quelque chose, de mon côté. Regarde. »

Ariane voit tout ce que tu vois au travers de tes lunettes. Devant ta découverte, elle s'exclame :

« C'est un portail, Théo ! Un portail englouti !

– La Grèce antique, le dieu Poséidon... C'est peut-être l'entrée du royaume de l'Atlantide !

– L'Atlantide n'est qu'un mythe basé sur des écrits antiques de Platon, tu sais.

– Je t'assure que ce que j'ai devant moi est tout sauf un mythe. C'est bel et bien réel !

– Regarde, Théo, il y a sept logements autour du portail et il y a des pierres taillées qui ont des symboles semblables à ceux que nous avons trouvés sur les sites des Sept Merveilles du monde antique.

– Je les vois ! Je vais les placer sur le portail. »

Quelles sont les sept pierres qu'il faut placer autour du portail ?

Si tu penses les avoir identifiées, lis le paragraphe 84.

33

Il y a beaucoup de vestiges antiques sur le site. Certains ont même été restaurés. La vision de ces remparts sculptés et de ces bâtiments grandioses donne une bonne idée de la splendeur de l'antique cité de Babylone.

Tu parcours le site dans tous les sens, mais malgré des heures de recherches consciencieuses, tu ne trouves rien d'intéressant. Tu peux explorer les vestiges d'un système d'irrigation (19), interroger des archéologues (54) ou bien revenir à l'hélicoptère pour discuter avec Ariane (65).

34

Comment sortir d'ici ? Un rayon de soleil passe par un petit trou dans un mur. Il faudrait que tu agrandisses le passage pour pouvoir t'y glisser. Malheureusement, tu ne disposes ni de temps ni d'outils. Tu dois trouver une autre solution.

Si tu possèdes un **JOYAU BLEU**, un **MIROIR ÉBRÉCHÉ**, des **CHEWING-GUMS** et un **BÂTON DE DYNAMITE**, lis le paragraphe 78. S'il te manque certains de ces objets, lis le paragraphe 91.

35

Ce bruit éveille immédiatement ta méfiance et tu pars te cacher dans un recoin de la salle. Un homme armé d'une matraque entre. C'est un mercenaire de la concurrence et il te cherche ! Soudain, sa radio se met à grésiller.

« Ressors tout de suite, on a besoin de toi ! »

Une fois l'intrus reparti, tu achèves ta fouille en restant sur tes gardes, mais tu ne trouves rien d'intéressant. Tu ne reviendras pas ici. Choisis un nouvel endroit à explorer : la chambre du roi (42) ou la chambre souterraine (93).

36

BAOUM !

Une brèche s'ouvre dans le mur et la lumière du jour envahit la salle. Te voilà libre !

« Bravo, Théo ! s'exclame Ariane. J'ai repéré la brèche. Je me pose.

– Quoi ?

– Tu es sourd ou quoi ? J'arrive !

– Excuse-moi, mais je viens de survivre à deux explosions. Mes oreilles sifflent, là ! »

L'hélicoptère atterrit près de toi. Tu t'y précipites en baissant la tête. Masqués par le nuage de poussière soulevé par le rotor, vous repartez dans les airs sous les regards médusés des mercenaires de la concurrence, qui accourent de tous les côtés. Ils tirent des rafales de mitraillettes, mais vous parvenez malgré tout à vous échapper. C'est en poussant de grands soupirs de soulagement que vous prenez la direction du continent. Le trésor des templiers est à vous !

Tu jettes un dernier regard vers le château. Jamais tu n'aurais pensé y trouver un tel objet !

Ce joyau renferme un mystère que tu es bien décidé à percer. Lis le paragraphe **90**.

37

Tu fais tes calculs et localises la pierre en question.

Si c'est bien ce que tu as trouvé, lis le paragraphe **44**. Sinon, tu dois demander de l'aide à Ariane au paragraphe **59** du chapitre **Solutions**.

38

Non loin de l'Euphrate, tu remarques une structure qui ressemble à l'image que tu t'étais faite des jardins suspendus.

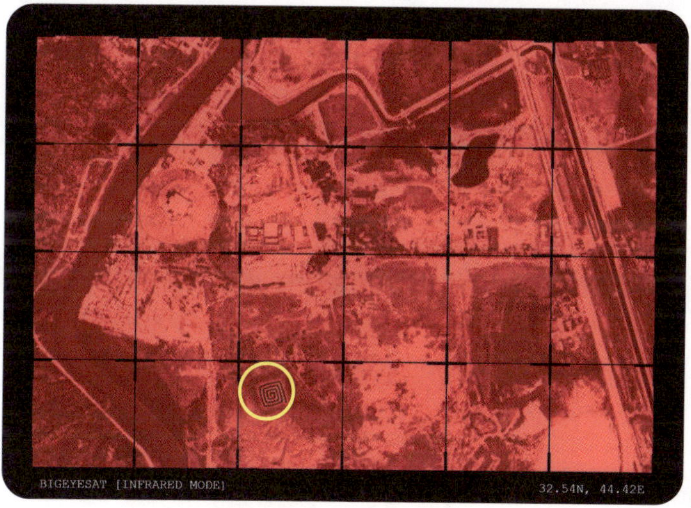

Si c'est bien ce que tu as trouvé, lis le paragraphe **79**. Sinon, tu dois demander de l'aide à Ariane au paragraphe **65** du chapitre **Solutions**.

39

En examinant attentivement la colonne, tu constates qu'un signe est gravé à sa base. Il n'a rien à voir avec l'écriture grecque, mais tu es persuadé qu'il est d'une importance capitale. Tu enregistres ce dessin dans la mémoire de tes lunettes (note ce numéro de paragraphe sur ta **Feuille de route**).

Il est temps de t'intéresser à une autre Merveille du monde antique. Tu reviens à l'hélicoptère dans lequel Ariane t'attend. Retourne au paragraphe **10**.

40

Vous prenez la direction de Bodrum, en Turquie. En effet, la ville d'Halicarnasse où se trouvait jadis le tombeau du roi Mausole n'existe plus. Ce monument funéraire était si admiré dans l'Antiquité qu'il a donné son nom à tous les tombeaux de grandes dimensions : les mausolées.

Ariane pose l'hélicoptère non loin des ruines du mausolée. Il n'en reste aujourd'hui plus grand-chose. Tu y cherches néanmoins un indice parmi les pierres et les colonnes, quelque chose qui pourrait avoir un rapport avec ce mystérieux secret englouti…

Tu y passes des heures, aidé par Ariane qui te donne des conseils à distance, mais malheureusement, tu ne trouves rien d'intéressant. Tu finis par abandonner.

Tout à coup, un mauvais pressentiment te noue la gorge. Tu as la sensation de perdre l'équilibre et un grondement sourd retentit. Si tu veux regarder à gauche, lis le paragraphe 11. Si tu préfères regarder à droite, lis le paragraphe 97.

41

Cette rue est une impasse où un chien dort paisiblement sur un oreiller original. Reviens sur tes pas, au paragraphe 28.

42

L'atmosphère confinée de cet endroit est particulièrement oppressante. Plusieurs couloirs parcourent la pyramide. Certains ont été bâtis avec elle et d'autres ont été creusés par des explorateurs ou des pillards.

Au bout de la grande galerie, tu aboutis à l'entrée de la chambre du roi. À l'intérieur, tu découvres une salle sombre ne contenant qu'un sarcophage vide.

Plusieurs scientifiques pensent que d'autres salles existent dans cette pyramide.

Elle a été scannée dans tous les sens avec les technologies les plus avancées, et des vides inconnus ont récemment été découverts. Cependant, aucune nouvelle fouille n'a encore été réalisée. Tu examines attentivement les lieux, mais tu n'y trouves aucun indice. Choisis un nouvel endroit à explorer : la chambre de la reine (15) ou la chambre souterraine (93).

43

Tu demandes à Ariane de poser l'hélicoptère près du site. À peine débarqué, tu commences à fureter parmi les ruines. Ce formidable complexe a beaucoup souffert du temps, mais de nombreux vestiges sont encore présents. Bordé de talus herbeux, le stade est encore parfaitement conservé. Tu t'amuses d'y voir des gens y courir et se prendre pour des athlètes de l'Antiquité. Heureusement, ils ne font pas cela tout nus comme dans l'Antiquité !

Tu as beau fouiller parmi les vestiges, tu ne trouves aucun signe remarquable. Tu n'as pas suffisamment préparé tes recherches. Constatant que tu perds un temps précieux, tu décides d'aller te renseigner ailleurs. Lis le paragraphe 16.

44

Comme indiqué par le contact d'Ariane, tu vois un symbole sur la pierre. Il est certainement très important pour ta chasse au trésor. Tu enregistres ce dessin dans la mémoire de tes lunettes (note ce numéro de paragraphe sur ta **Feuille de route**).

Il est temps de t'intéresser à une autre Merveille du monde antique. Tu reviens à l'hélicoptère dans lequel Ariane t'attend. Retourne au paragraphe 10.

45

Te voilà à nouveau sur le site du tombeau du roi Mausole. Comme te l'a annoncé Ariane, beaucoup de pierres et de colonnes ont bougé. Lors de ta première visite, tu avais remarqué des pancartes devant certains vestiges. Il s'agit de marques permettant aux archéologues de référencer les pierres. Ton attention se porte sur un secteur où tout a été chamboulé. Tu observes attentivement les lettres notées sur les pancartes.

Quelle lettre ne devrait pas être ici ?

Si tu penses avoir trouvé la solution, lis le paragraphe 77.

46

Tu plonges les mains dans l'eau et retournes la pierre. Un symbole très intrigant est gravé sur l'autre face. C'est exactement ce que tu cherchais. Tu enregistres ce dessin dans la mémoire de tes lunettes (note ce numéro de paragraphe sur ta **Feuille de route**).

Il est temps de t'intéresser à une autre Merveille du monde antique. Tu reprends le petit bateau et reviens sur l'île de Pharos où Ariane t'attend. Retourne au paragraphe 10.

47

L'explosion a provoqué un éboulement qui a complètement envahi la salle. Des tonnes de pierres barrent le passage et il n'y a plus aucune possibilité de sortir. Ceux qui convoitent le trésor des templiers sont décidément prêts à tout ! Tu n'as pas d'autre choix que de t'enfoncer dans le tunnel en allant au paragraphe 74.

48

Suivant ta stratégie, Ariane dépasse largement le point GPS. Elle poursuit sa navigation durant plusieurs miles et, comme prévu, le bateau de la concurrence fait de même. Lorsqu'elle s'arrête afin de mettre le bathyscaphe à l'eau, vos poursuivants s'arrêtent et vous surveillent à distance.

Tu entres dans le petit sous-marin avec ta tenue de plongée car il est possible que tu en aies besoin une fois arrivé sur l'objectif. Après avoir salué Ariane, tu refermes l'écoutille et la grue du bateau te descend dans l'eau.

Tu immerges aussitôt le submersible. Te voilà maintenant invisible aux yeux de tes rivaux. Il ne te reste plus qu'à naviguer aux instruments jusqu'à ton objectif. Tu n'as que ton sonar, qui t'informe sur le relief sous-marin, pour te repérer. Trouve la case qui permet de passer par toutes les autres en suivant les directions indiquées sur chacune.

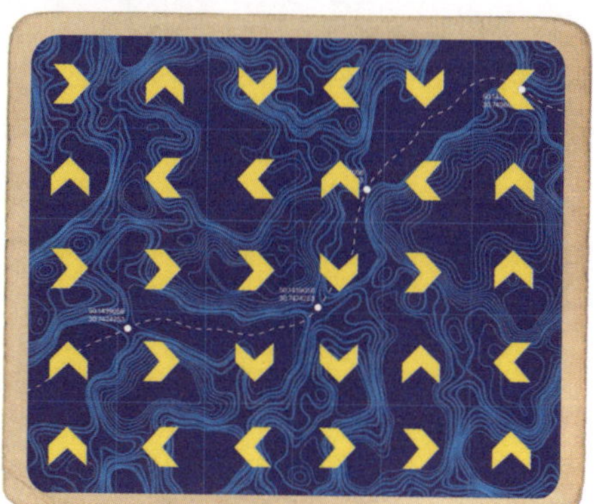

Si tu penses avoir trouvé la solution, lis le paragraphe 29.

49

En anticipant les mouvements des plongeurs, tu parviens à quitter ta cachette sans être vu. Te voilà débarrassé de ces parasites marins !

Tu poursuis sereinement ta nage vers le point GPS. Tu y es presque ! Lis le paragraphe 18.

50

Vous prenez la direction de l'île de Rhodes. Ta montre t'apprend que selon la mythologie grecque, Hélios, le dieu du soleil, fut le premier à voir cette île sortir des eaux. Il la trouva si belle qu'il la prit sous sa protection. Il épousa Rhodé, une nymphe fille de Poséidon, qui donna son nom à ce lieu.

Une statue représentant Hélios se dressait jadis à l'entrée du port : le célèbre colosse de Rhodes. Ce sont les vestiges de cette Merveille antique qu'Ariane et toi espérez trouver. Les historiens et les archéologues ne sont pas tous d'accord sur l'endroit où se dressait exactement la statue de bronze. Vous décidez donc de vous poser à proximité du port et d'entamer sur place une enquête approfondie. Tu descends de l'hélicoptère avec plusieurs options en tête. Tu peux te rendre sur la jetée (21), en ville (67) ou sur la colline dominant le port (95).

51

Tu trouves un petit bateau que tu loues pour une modique somme. Cette embarcation te permet d'atteindre l'îlot, sur lequel tu débarques. Tu commences à examiner toutes les pierres que tu vois, mais tu ne trouves malheureusement rien d'intéressant. Tu finis par douter que le phare fut un jour présent ici. Si tu décides de reprendre le bateau et d'explorer l'île de Pharos, lis le paragraphe 64. Si tu veux approfondir tes recherches sur cet îlot, lis le paragraphe 75.

52

Tu arrives à franchir l'éboulement au prix de contorsions dignes d'un serpent. De l'autre côté, tu découvres une salle au milieu de laquelle se dresse un piédestal de pierre. Dessus, un objet brille à la lueur d'un rayon de soleil qui entre par un petit trou dans le mur.

C'est une énorme pierre précieuse. Elle est d'un bleu éclatant et doit valoir une fortune. Il ne peut s'agir que du trésor que tu cherches ! Cependant, sa forme et les symboles qui y sont gravés te laissent perplexe. Tu pressens que ce joyau n'avait pas qu'une valeur pécuniaire pour les templiers. De quoi peut-il s'agir ? La réponse se trouve certainement dans les gravures codées qui entourent le piédestal.

Si tu as déjà décodé ce message, lis le paragraphe 34.

Si tu ne l'as pas encore fait et que tu possèdes un **CODEX TEMPLIER**, lis le paragraphe 99. Sinon, lis le paragraphe 66.

53

Tu atteins un embranchement où des jeunes discutent autour d'un scooter en panne. Tu peux aller vers le nord (2), entrer dans un grand bâtiment (14) ou t'engouffrer dans une rue étroite allant vers le sud (98).

54

Les archéologues présents sur le site travaillent sur divers sujets. Cependant, aucun d'eux ne cherche précisément des traces des fameux jardins suspendus. Un certain professeur Jones t'explique que la recherche des jardins a été abandonnée depuis longtemps. Selon lui, leur localisation n'est pas précisément connue et fait débat. Il ajoute que certains membres de la communauté scientifique vont même jusqu'à mettre en doute leur existence. Voilà qui est plutôt démoralisant.

Tu peux continuer d'explorer les ruines en quête de vestiges d'un système d'irrigation (19) ou d'un bâtiment étagé (33), ou bien revenir à l'hélicoptère pour discuter avec Ariane (65).

55

Tu remarques une pierre sur laquelle est gravé un symbole qui te laisse perplexe. Convaincu qu'il s'agit d'un vestige de la statue de Zeus, tu enregistres ce dessin dans la mémoire de tes lunettes (note ce numéro de paragraphe sur ta **Feuille de route**).

Il est temps de t'intéresser à une autre Merveille du monde antique. Tu reviens à l'hélicoptère où t'attend Ariane. Retourne au paragraphe **10**.

56

Derrière le cartouche, tu trouves une cavité taillée contenant un bijou en or. Un symbole est gravé dans la pierre sur laquelle il est posé.

« Tu as vu, Ariane ? Ce bijou est magnifique ! t'exclames-tu.

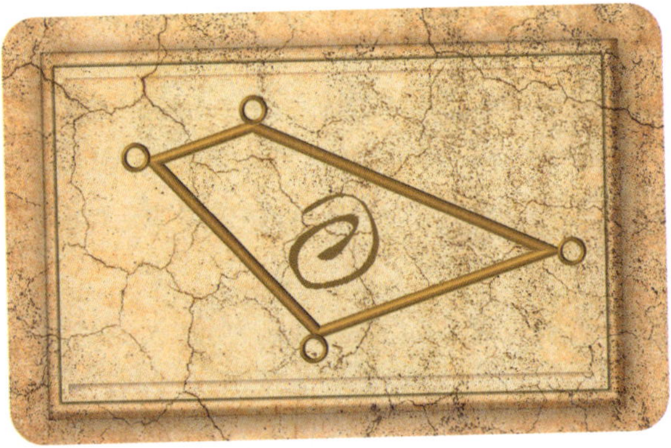

– C'est une découverte fantastique, Théo ! Ressors vite de cette pyramide et viens me retrouver. Je suis prête à décoller. »

Tu enregistres ce dessin dans la mémoire de tes lunettes (note ce numéro de paragraphe sur ta **Feuille de route**). Note également dans ton **inventaire** que tu possèdes un **BIJOU EN OR**. Tu ressors de la pyramide le cœur léger et prends un taxi pour rejoindre Ariane.

Lis le paragraphe 24.

57

Tu remarques un symbole sur l'une des faces de la pierre. Tu enregistres ce dessin dans la mémoire de tes lunettes (note ce numéro de paragraphe sur ta **Feuille de route**).

Il est temps de t'intéresser à une autre Merveille du monde antique. Tu reviens à l'hélicoptère où t'attend Ariane. Retourne au paragraphe 10.

58

Avec ses 140 mètres de haut, la pyramide de Kheops est la plus grande de celles qui se dressent sur le plateau de Gizeh. Avant de quitter Venise, grâce au contact d'Ariane qui vous a déjà aidés à Rhodes, tu as pris la précaution de te munir d'un laissez-passer.

« Je suis dedans ! annonces-tu à Ariane.

– Super ! J'affiche le plan de la pyramide dans tes lunettes. »

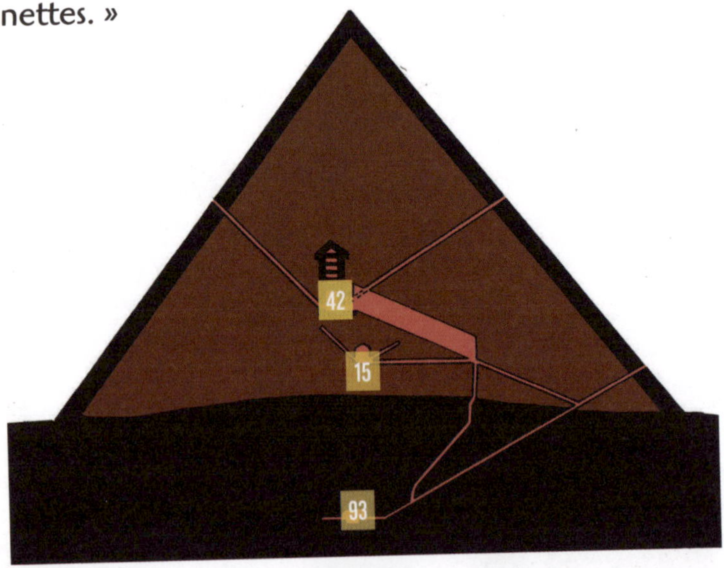

Ne sois pas impressionné par l'immensité de cette masse de pierre et choisis l'endroit où tu vas te rendre : la chambre du roi (42), la chambre de la reine (15) ou la chambre souterraine (93).

59

Tu montes rapidement la colline, espérant que le symbole vu par le contact d'Ariane a un rapport avec votre chasse au trésor. De nombreux vestiges antiques sont visibles. Rapidement, tu remarques une colonne isolée. Tu t'y rends au pas de course et constates que beaucoup de pierres sont situées à proximité. En cette fin de journée, son ombre est allongée et forme un bon repère. Le seul problème, c'est qu'elle tourne avec le soleil. Tu regardes alors ta montre. Elle affiche 20 heures, et sa boussole intégrée t'indique que le soleil est exactement à l'ouest.

« Je vois que tu regardes l'heure, Théo, commente Ariane.

– Oui. Le message dit que la pierre est dans l'ombre de la colonne à 10 h 30. Il faut donc enlever 9 h 30 à sa position actuelle.

– Attention Théo, ne te laisse pas tromper par ta montre qui s'est automatiquement réglée sur l'heure grecque. Mon contact a bien précisé UTC, c'est-à-dire "temps universel coordonné". Actuellement, il est 18 heures UTC à Rhodes. »

Où se trouve la pierre remarquée par le contact d'Ariane ?

Si tu penses avoir trouvé la solution, lis le paragraphe 37.

60

Après vous être bien préparés, vous prenez la direction de Hilla, en Irak. C'est une destination très éloignée de votre bureau de Venise, mais c'est près de cette ville que se trouvait jadis la célèbre cité de Babylone. Ses jardins suspendus étaient une des Sept Merveilles du monde antique. Tu aurais aimé en profiter, mais ils ont disparu depuis longtemps.

Trouver des traces de jardins millénaires s'annonce difficile. Après plusieurs escales techniques, vous vous posez enfin au bord de l'Euphrate, le fleuve qui coule à proximité des vestiges de l'antique cité. Plusieurs options sont possibles :

- rechercher les vestiges d'un système d'irrigation qui aurait pu alimenter les jardins (19) ;

- repérer des ruines d'un bâtiment étagé qui pourrait ressembler aux antiques jardins (33) ;

- interroger les archéologues présents sur place (54).

61

La rue aboutit à un croisement où se trouvent des marchands ambulants. Tu peux entrer dans un grand bâtiment (14), aller au nord (85), à l'est (28) ou au sud (81).

62

« Ce signe, c'est la lettre grecque "psi ", n'est-ce pas ? demandes-tu.

– Oui, mais elle peut également être interprétée comme le symbole du trident.

– Tu veux parler du trident du diable ?

– Non, je pensais plutôt au trident de Poséidon, le dieu grec des mers, des océans et des tremblements de terre.

– Les tremblements de terre seraient donc le lien entre Poséidon et les Sept Merveilles du monde antique ?

– Pas tout à fait, même s'ils sont pour beaucoup responsables de leur quasi-disparition. À mon avis, ce trident symbolise un lieu lié à Poséidon qui était gardé par ces monuments.

– Mais oui, bien sûr ! Le joyau est une carte basée sur les emplacements des Sept Merveilles du monde antique ! »

Tu extrais fébrilement le bijou de la monture en or. Puis tu affiches la carte des Sept Merveilles antiques sur ton ordinateur. Lorsque tu poses le bijou sur l'écran, tu t'exclames :

« Tadam ! C'est un trésor englouti, Ariane !

– Le trident est au large de l'île de Chypre, commente Ariane. Je connais quelqu'un là-bas qui a un bateau avec tout l'équipement nécessaire à une exploration sous-marine.

– Alors il n'attend que nous. Je relève les coordonnées GPS. Toi, appelle vite ton ami ! »

Cette découverte vous met dans un incroyable état d'excitation. Vous faites aussitôt vos bagages et partez pour l'île de Chypre. Lis le paragraphe 5.

63

Tu marches vers les ruines du temple d'Artémis tout en jetant des regards discrets derrière toi. Rapidement, tu te rends compte que l'individu suspect ne te suit plus. Il musarde devant un étal de souvenirs et ne te prête pas la moindre attention. Ce n'est en fait qu'un touriste ! Tu t'amuses de t'être ainsi inquiété pour rien, mais la mauvaise expérience que tu as vécue dans le château de l'île de Malte justifie ta réaction. Lis le paragraphe 7.

64

Tu parcours l'île de long en large, t'attardant sur tout ce qui peut ressembler à une pierre datant de l'Antiquité. Tantôt accroupi, tantôt allongé par terre, tu ne comptes pas tes efforts. Malheureusement, ton petit manège attire l'attention d'un policier qui t'interpelle. Tu es conduit dans une cellule sans pouvoir te justifier.

Tu passes une nuit blanche à tourner en rond derrière les barreaux. Heureusement, au petit matin, tu entends la voix rassurante d'Ariane. Elle est venue avec un avocat local qui obtient ta libération. Elle est désolée pour toi, mais précise qu'elle n'a pas compris pourquoi tu t'es obstiné à chercher les vestiges du phare sur l'île de Pharos, alors qu'il était bâti sur un îlot. Ce séjour en prison t'a coûté du temps. Note sur ta **Feuille de route** que tu devras ajouter 10 minutes à l'heure de fin de ta partie, puis lis le paragraphe **51**.

65

De retour à l'hélicoptère, tu fais part à Ariane de ta déception. Comme toujours, elle reste positive.

« Je pense que nous avons une chance de trouver ces jardins en allant ailleurs.

– À quel endroit penses-tu ?

– À l'espace.

– Quoi ?!

– En utilisant astucieusement un satellite, nous pourrions avoir une vue globale du site et peut-être trouver un indice !

– Tu es brillante, Ariane ! » jubiles-tu.

Ariane se met à chercher une image satellite. Peu après, elle affiche un cliché infrarouge dans le champ de vision de tes lunettes.

« L'imagerie infrarouge permet de voir les différences de température en plus du relief » explique-t-elle.

Cherche un signe particulier ressemblant à une spirale sur l'image du satellite.

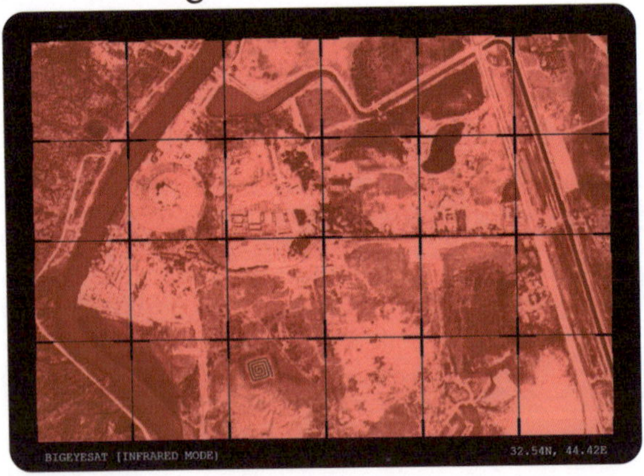

Si tu penses l'avoir trouvé, lis le paragraphe 38.

66

Ton instinct de chasseur de trésors te suggère que ces sous-sols cachent la clé de ce code. Tu dois revenir sur tes pas. Après avoir à nouveau franchi l'éboulement, tu retrouves l'embranchement. Vas-tu prendre à gauche (25), à droite (96) ou aller tout droit (9) ?

67

La ville de Rhodes a une grande activité touristique qui est évidemment dédiée au célèbre colosse de l'Antiquité. Tu te sens frustré de le voir partout à échelle réduite, alors que tu en cherches vainement la trace !

« Je crois que je vais en faire des cauchemars de ce colosse ! ironises-tu.

– Restons concentrés sur notre objectif, Théo. J'ai deux options à te proposer. »

Sur les conseils d'Ariane, tu as le choix entre le

musée (26) et le centre d'archéologie (82). Sinon, tu peux également sortir de la ville pour aller sur la jetée (21) ou sur la colline dominant le port (95).

68

Concentré sur ton exploration, tu ne prêtes pas véritablement attention à ce qui se passe. Soudain, tu reçois un coup sur la nuque qui t'assomme !

Lorsque tu te réveilles, tu as l'impression que toute la pyramide pèse sur ton cou.

« Théo ! Théo, réponds-moi ! s'égosille Ariane à la radio.

– Je... Je suis là... On m'a assommé, mais ça va.

– C'est la concurrence ! Des hommes ont débarqué ici. Ils m'ont bâillonnée et ligotée, puis ils ont saboté l'hélicoptère. Je viens à peine de me libérer.

– Attends, ça fait combien de temps que je suis dans la pyramide ?

– Plus d'une nuit, Théo !

– Je vois... J'ai le ventre vide, mais je suis certain que cette pyramide recèle d'indices, je ne veux pas partir maintenant. Je vais continuer mon exploration. Répare l'hélico pendant ce temps. »

Ne reviens plus dans la chambre de la reine car elle ne contient rien d'intéressant. Cette mésaventure t'a coûté du temps. Note sur ta **Feuille de route** que tu devras ajouter 10 minutes à l'heure de fin de ta partie, puis choisis un nouvel endroit à explorer : la chambre du roi (42) ou la chambre souterraine (93).

69

Tu brises le **MIROIR ÉBRÉCHÉ** et colles six morceaux sur les murs à l'aide de **CHEWING-GUMS**, de sorte que le rayon de soleil soit réfléchi jusqu'à la mèche du **BÂTON DE DYNAMITE**. En plaçant le **JOYAU BLEU** juste devant, tu concentres la lumière et allumes la mèche. Tenant fermement le trésor templier dans ta main, tu bondis aussitôt derrière les rochers afin de te protéger de l'explosion.

Si c'est bien ce que tu as trouvé, lis le paragraphe 36. Sinon, tu dois demander de l'aide à Ariane au paragraphe 87 du chapitre **Solutions**.

70

Vous mettez le cap sur Alexandrie, en Égypte. C'est là que s'élevait jadis un gigantesque phare qui a protégé et guidé les marins durant plus de 17 siècles. Bâti sur un îlot, il était entouré par une enceinte massive et se caractérisait par une première tour carrée surmontée d'une deuxième tour octogonale, elle-même coiffée d'une troisième tour ronde où était allumé le brasier.

Soucieuse du danger que représente la concurrence, Ariane s'est posée sur l'île de Pharos car elle est étroitement surveillée par la police et donc sûre.

Il te faut maintenant trouver les vestiges du phare. Que vas-tu faire ? Chercher sur l'île (64) ou trouver un moyen de te rendre sur l'îlot qui lui fait face (51) ?

71

Voici la position finale qui permet de libérer le cartouche de Kheops.

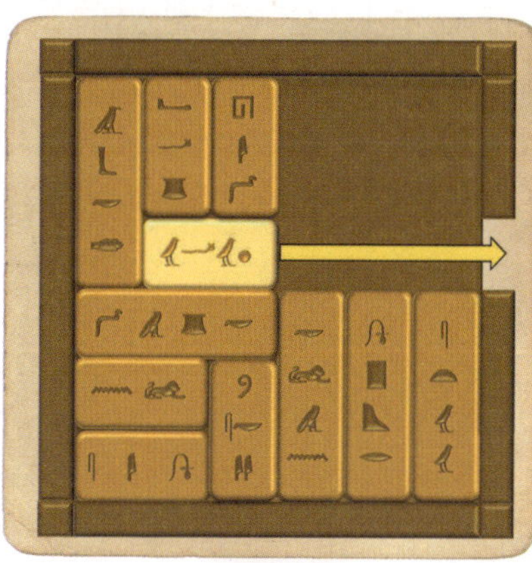

Si c'est bien ce que tu as trouvé, lis le paragraphe 56. Sinon, tu dois demander de l'aide à Ariane au paragraphe 93 du chapitre **Solutions**.

72

Arrivé sur le site d'Olympie, tu concentres tes recherches sur les ruines de l'ancien temple de Zeus. Isole toutes les colonnes en traçant six carrés à l'intérieur du périmètre dallé.

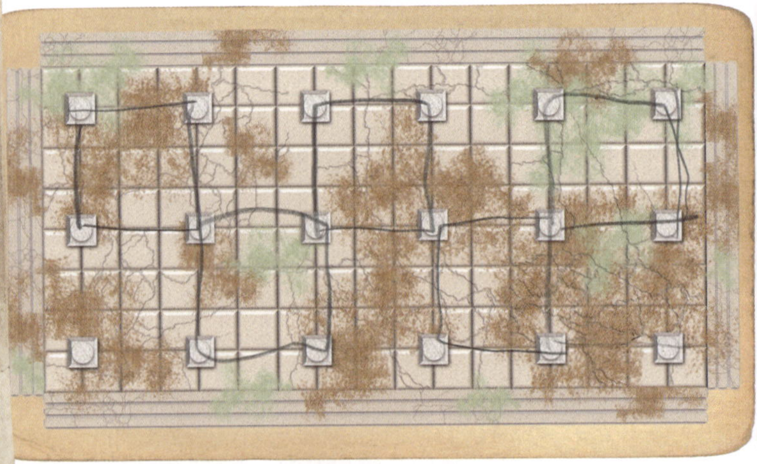

Si tu penses avoir trouvé la solution, lis le paragraphe 3.

73

Tu dois avoir une attitude PAISIBLE pour éviter d'effrayer les requins et de provoquer leur agressivité.

Si c'est bien ce que tu as trouvé, lis le paragraphe 32. Sinon, tu dois demander de l'aide à Ariane au paragraphe 18 du chapitre **Solutions**.

74

Le tunnel aboutit peu après à un embranchement. Le passage situé à gauche est très étroit, mais il est éclairé par une faible lueur. Celui de droite est tout aussi exigu et est plongé dans un noir absolu. Celui qui te fait face est plus large, mais il est obstrué par un éboulement.

Vas-tu ramper vers la gauche (96), te faufiler à droite (25) ou tenter d'aller tout droit (52) ?

75

Tu observes attentivement le fond de l'eau. De nombreuses grosses pierres sont immergées. Tu remarques qu'elles sont numérotées. Il s'agit certainement de vestiges du phare ! Des archéologues ont dû les répertorier dans le cadre de leurs fouilles.

L'une d'entre elles est remarquable. Laquelle ?

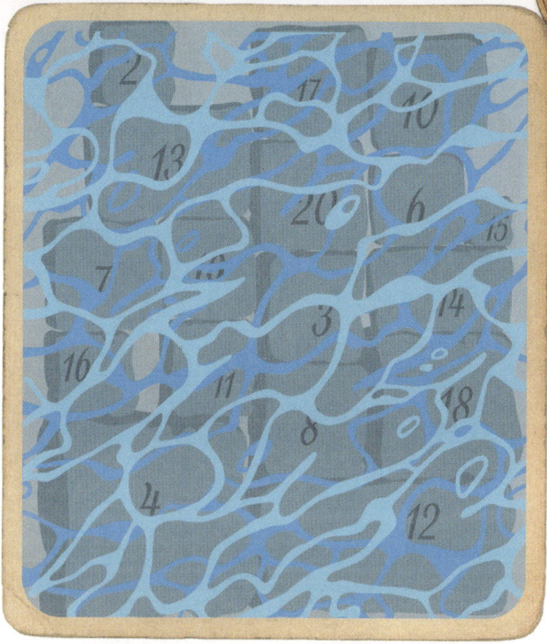

Si tu penses avoir trouvé la solution, lis le paragraphe 12.

76

Une colonne isolée attire ton attention. Elle ne devrait pas être là.

Si c'est bien ce que tu as trouvé, lis le paragraphe 39. Sinon, tu dois demander de l'aide à Ariane au paragraphe 7 du chapitre **Solutions**.

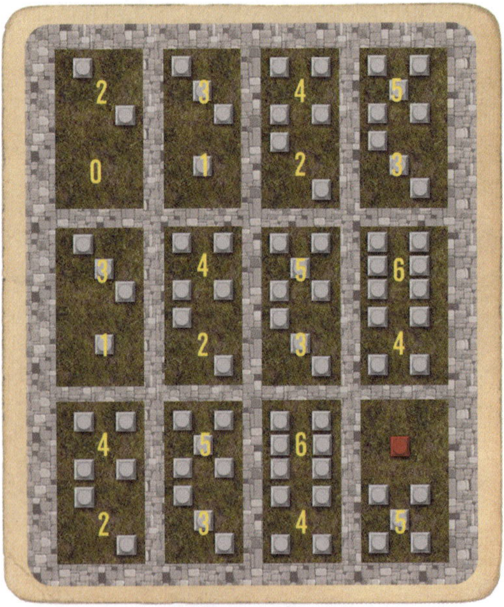

77

La pancarte portant la lettre S attire ton attention. Elle est placée devant une pierre que tu examines sous tous les angles.

Si c'est bien ce que tu as trouvé, lis le paragraphe **57**. Sinon, tu dois demander de l'aide à Ariane au paragraphe **45** du chapitre **Solutions**.

78

Observe attentivement ce mur qui date du Moyen Âge.

Si tu penses avoir trouvé quelque chose d'intéressant, lis le paragraphe **22**.

79

Un peu comme pour les géoglyphes de Nazca où seul un vol en avion avait permis d'en découvrir les formes et l'ampleur, tu as trouvé un symbole géant grâce à un satellite ! Tu enregistres ce dessin dans la mémoire de tes lunettes (note ce numéro de paragraphe sur ta **Feuille de route**).

Il est temps de t'intéresser à une autre Merveille du monde antique. Tu reviens à l'hélicoptère où t'attend Ariane. Retourne au paragraphe 10.

80

Tu as jusqu'ici trouvé six symboles dans les vestiges de six Merveilles du monde antique. C'est un grand pas de fait dans cette chasse au trésor. Cependant, tu n'as, à ce stade, aucune idée de leur signification. Quel est ce secret englouti évoqué sur le piédestal des templiers ? La réponse est peut-être dans la pyramide de Kheops. C'est la seule Merveille du monde antique qui soit encore debout aujourd'hui. C'est avec beaucoup d'espoir que tu t'envoles aux côtés d'Ariane pour Le Caire.

À cause de la réglementation aérienne, vous vous posez loin de la ville et c'est en taxi que tu te rends finalement à ta destination.

Te voilà enfin sur le site de Gizeh !

Si tu veux directement te rendre à la pyramide de Kheops, lis le paragraphe 58. Sinon, tu peux prendre le temps de monter sur un promontoire (31) ou t'approcher du Sphinx (17).

81

La voie que tu empruntes te fait sortir de la ville. L'homme qui te suivait est toujours là, faisant semblant de s'intéresser à un étal de souvenirs. Tu décides donc de retourner en ville. Tu peux t'engager dans la rue qui te fait face (61) ou entrer dans un grand bâtiment (14).

82

Le centre d'archéologie est un établissement où se retrouvent des archéologues du monde entier.

Ils y échangent leurs découvertes, organisent leurs fouilles et débattent de leurs conclusions.

Le bâtiment est quasiment désert, et tu n'y croises que quelques archéologues qui semblent être plus intéressés par une épave située au large que par le colosse de Rhodes. Déçu, tu prends le chemin de la sortie. Alors que tu quittes le bâtiment, la voix d'Ariane résonne dans ton écouteur.

« Théo, j'ai une information très intéressante !

– Laquelle ?

– Je viens de discuter par SMS avec un de mes contacts. Il était ici, à Rhodes, il y a quelques jours. Je t'envoie son message. »

Le message s'affiche dans tes lunettes.

Sur la colline dominant le port de Rhodes, il y a une pierre sur laquelle est gravé un étrange symbole. À 10 h 30 UTC précises, elle est dans le prolongement de l'ombre d'une colonne isolée. Je ne sais pas de quoi il s'agit, mais je pense que ce n'est pas grec.

« Je vais tout de suite sur la colline ! » annonces-tu.

Lis le paragraphe 59.

83

« Ce message est intrigant et le joyau l'est tout autant, déclare Ariane.

– Tu as raison : il ne dévoile rien sur les templiers, mais le fait qu'il évoque un secret est très intéressant. Je sens que ce trésor a une énorme valeur historique !

– Nous aurons le temps d'y réfléchir, Théo. Prends le joyau et sors vite de là ! »

Note dans ton **inventaire** que tu possèdes un JOYAU BLEU, puis lis le paragraphe 34.

84

Les pierres à placer autour du portail correspondent évidemment à celles qui portent les symboles que tu as trouvés dans les Sept Merveilles du monde antique.

Si c'est bien ce que tu as trouvé, lis le paragraphe **100**. Sinon, tu dois demander de l'aide à Ariane au paragraphe **32** du chapitre **Solutions**.

85

Cette rue aboutit à un embranchement où des personnes âgées discutent sur un banc. Tu peux aller vers l'ouest (**2**), l'est (**28**) ou le sud (**61**).

86

Tu te réveilles dans une chambre d'hôpital. Ariane est à ton chevet.

« Bon retour parmi nous ! déclare-t-elle en souriant.

– Qu'est-ce qui s'est passé ?

– Un tremblement de terre. C'est assez fréquent dans la région. Une voiture t'a percuté. Tu peux bouger ?

– Euh... Oui, je crois. J'ai l'impression d'avoir transporté un menhir, mais je m'en remettrai. »

À cet instant, une infirmière entre dans ta chambre et annonce :

« Monsieur Montibus, vous avez eu beaucoup de chance. Vous n'avez rien de cassé.

– Alors je peux sortir ?

– Nous allons vous garder cette nuit en observation. Vous pourrez sortir demain.

– Demain ?! Mais je...

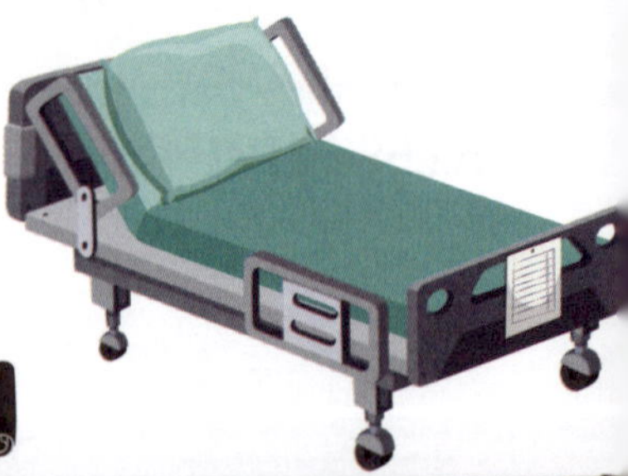

– Sois raisonnable, Théo, intervient Ariane. Tu peux t'estimer heureux d'être en un seul morceau.

– Mais le trésor, la concurrence ! Nous ne pouvons pas nous permettre de perdre plus de temps !

– Ne t'en fais pas, Théo. Je n'ai vu aucun signe de la concurrence. Quant au trésor, il attend depuis des millénaires, il peut bien attendre une nuit de plus ! D'autant que j'ai une bonne nouvelle à t'annoncer.

– Laquelle ?

– Le séisme a secoué les vestiges du mausolée. Des pierres ont été retournées et cela nous donne l'occasion de faire de nouvelles fouilles.

– Génial ! »

Le lendemain matin, tu es sur pied. Ce séjour à l'hôpital t'a coûté du temps. Note sur ta **Feuille de route** que tu devras ajouter 10 minutes à l'heure de fin de ta partie, puis lis le paragraphe **45**.

87

La dynamite devrait créer une brèche. Le seul problème, c'est que tu n'as pas de quoi allumer sa mèche. En réfléchissant, tu remarques que la pierre précieuse agit comme une loupe en concentrant le rayon de soleil en un point. Cela pourrait résoudre ton problème, mais il faudrait diriger le rayon de soleil à l'endroit précis où se trouve la mèche. Comment faire ?

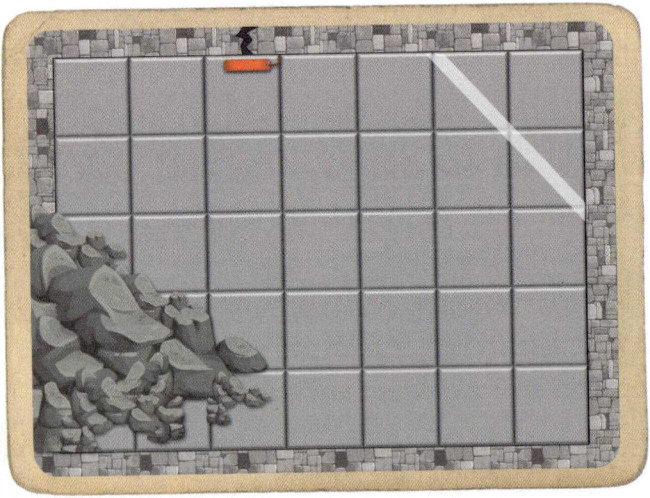

Si tu penses avoir trouvé la solution, lis le paragraphe 69.

88

Une voiture dérape et passe à quelques centimètres de toi. Tu as eu beaucoup de chance qu'elle ne te percute pas ! Des gens courent dans tous les sens pour se mettre à l'abri. Le séisme ne dure pas longtemps, mais il fait néanmoins des dégâts. Des fissures lézardent les routes et les murs de plusieurs maisons. Un puissant jet d'eau sort du sol et tu te retrouves trempé de la tête aux pieds.

Le calme revenu, tu retournes à l'hélicoptère où Ariane t'attend.

« Ça va, Théo ? demande-t-elle.

– Oui, pas de soucis.

– Tu m'as l'air d'avoir eu très chaud. Tu es en nage ! »

Peu après, vous décollez, déçus de repartir bredouilles de ce voyage. Tout à coup, alors que vous survolez les ruines du tombeau de Mausole, Ariane s'exclame :

« Regarde, Théo, le séisme a secoué les vestiges du mausolée ! Des pierres ont été retournées.

– Super, cela nous donne l'occasion de faire une nouvelle fouille ! »

Ariane fait aussitôt demi-tour et atterrit à nouveau. Lis le paragraphe 45.

89

Le plongeur A va aller à gauche, le B va monter et le C va aller à droite.

Si c'est bien ce que tu as trouvé, lis le paragraphe 49. Sinon, tu dois demander de l'aide à Ariane au paragraphe 27 du chapitre **Solutions**.

90

Après une courte escale à Rome où vous avez fait le plein de carburant, c'est à Venise, dans un de vos bureaux opérationnels, que vous vous installez pour réfléchir.

La pierre précieuse est posée sur la table. Vous la contemplez avec mille questions à l'esprit.

« Ces symboles sont grecs, déclare Ariane. Ils n'ont rien à voir avec les codes templiers.

– Tu as raison, ça ne colle pas.

– Le message gravé sur le piédestal n'évoquait-il pas des géants antiques, Théo ?

– Si, il parlait de sept géants.

– À mon avis, c'est une métaphore.

– C'est-à-dire ?

– Ces sept géants antiques, je pense que ce sont les Sept Merveilles du monde antique.

– Tu as raison ! Des constructions aussi gigantesques que merveilleuses, c'est forcément de ça que parle le message !

– Là, la partie prend de l'ampleur, Théo.

– Je suis d'accord. Nous sommes sur la piste d'un trésor extraordinaire ! »

Ariane va aussitôt chercher un atlas historique dans la bibliothèque. Elle l'ouvre à une page où se trouve une carte de la mer Méditerranée.

« Le joyau serait donc lié à ces prodiges architecturaux de l'Antiquité, précise Ariane. C'est pour ça que les templiers le gardaient si précieusement.

1. La statue de Zeus à Olympie
2. Le temple d'Artémis à Éphèse
3. Le tombeau de Mausole à Halicarnasse
4. Le colosse de Rhodes
5. Les jardins suspendus de Babylone
6. Le phare d'Alexandrie
7. La pyramide de Kheops à Gizeh

– Le message dit que ces constructions gardaient un secret englouti. C'est ça, le véritable mystère que nous devons percer.

– Que proposes-tu ?

– D'aller voir ces Sept Merveilles.

– Théo, il n'y a que la pyramide de Kheops qui existe encore… Toutes les autres ont disparu depuis longtemps.

– Allons-y quand même ! C'est notre seule piste, de toute façon. »

Après avoir effectué tous les préparatifs nécessaires à ce passionnant voyage en hélicoptère autour de la Méditerranée, vous décidez de visiter d'abord les six Merveilles qui ont disparu et d'explorer ensuite la pyramide de Kheops. Lis le paragraphe 10.

91

Il se peut que tu sois passé à côté d'objets qui te seraient très utiles. Tu dois revenir sur tes pas pour essayer de les trouver. Après avoir à nouveau franchi l'éboulement, tu retrouves l'embranchement. Vas-tu prendre à gauche (25), à droite (96) ou tout droit (9) ?

92

Suivant ta stratégie, tu demandes à Ariane de te donner le signal pour plonger lorsque le bateau sera exactement à l'aplomb du point GPS. Il n'y a plus qu'à espérer que la concurrence ne te verra pas. Vas-tu plonger à bâbord (6) ou à tribord (27) ?

93

La chambre souterraine ressemble à une carrière. Tu remarques un puits vertical qui s'enfonce dans les profondeurs de la terre. Tu as lu dans une encyclopédie qu'il a été taillé par un militaire britannique qui cherchait une mystérieuse île souterraine évoquée par un géographe grec de l'Antiquité.

Tout au fond de la chambre, tu remarques qu'une pierre est prête à tomber. Tu parviens à la faire glisser et elle s'écrase lourdement sur le sol. Un nuage de poussière envahit la chambre. Quand tu récupères une vue dégagée, tu aperçois un étroit passage.

Tu t'y glisses et découvres un mur garni de cartouches rectangulaires enfermés dans un cadre. Le cartouche central est plus clair et ses hiéroglyphes correspondent au nom du pharaon Kheops.

Tous les cartouches semblent pouvoir coulisser dans le sens de leur longueur. Comment faire pour libérer le cartouche de Kheops ?

Si tu penses avoir trouvé la solution, lis le paragraphe 71.

94

Tu changes de direction pour te rendre en ville, où tu espères échapper à la filature de l'individu. Tu peux t'engager dans la rue qui te fait face (61) ou entrer dans un grand bâtiment (14).

95

Du haut de la colline, tu profites d'une vue exceptionnelle sur le port de Rhodes. Tu imagines aisément le colosse qui, jadis, s'y dressait fièrement sous le soleil flamboyant qu'il incarnait.

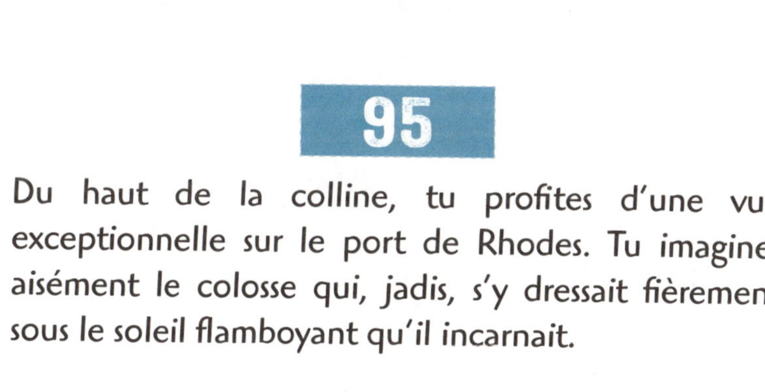

Tu arpentes le secteur et examines attentivement tous les vestiges antiques qui s'y trouvent. Ils sont nombreux, mais aucun ne semble présenter la moindre particularité. Après avoir passé des heures à chercher en vain, tu finis par te résoudre à abandonner.

Où vas-tu aller maintenant ? Tu peux te rendre sur la jetée (21) ou en ville (67).

96

Le passage aboutit à un cul-de-sac. Au plafond se trouve une grille par laquelle tu peux voir le ciel. Tu comprends alors que tu es dans une conduite d'égout qui doit dater du Moyen Âge. Au sol, tu remarques de nombreux détritus et tu déranges même un rat qui s'affairait dans un paquet de chips. Quelques objets attirent ton attention. Tu trouves notamment un miroir ébréché, qui est probablement tombé du sac d'un visiteur négligent, et un paquet de chewing-gums tout neuf. Note dans ton **inventaire** que tu possèdes un **MIROIR ÉBRÉCHÉ** et des **CHEWING-GUMS**.

Comme il n'y a aucun moyen de sortir par ici, tu dois faire demi-tour jusqu'à l'embranchement. Vas-tu prendre à gauche (52), à droite (9) ou tout droit (25) ?

97

Une puissante secousse ébranle le sol. C'est un tremblement de terre ! Tu ne vois pas venir une voiture en perte de contrôle qui dérape vers toi. Elle te percute et tu t'évanouis en tombant lourdement sur le sol. Lis le paragraphe 86.

98

Tu es surpris par une voiture qui klaxonne dans ton dos. Tu la laisses passer et en profites pour regarder derrière toi. Personne ne semble te suivre. Un peu plus loin, tu sors de la ville. Les ruines du temple d'Artémis sont devant toi et tu ne vois aucune trace de l'individu suspect. Rassuré, tu poursuis ton chemin. Aurais-tu pris peur pour rien ? Lis le paragraphe 7.

99

Soudain, la voix d'Ariane retentit dans ton écouteur.

« Théo, tu m'entends ?

– Oui, Ariane !

– Heureuse de te retrouver ! Il y a eu une explosion et des hommes armés rôdent dans le château. J'ai dû décoller pour leur échapper. Est-ce que tout va bien, de ton côté ?

– Ça va. Je suis enfermé, mais je vais trouver un moyen de sortir dès que...

– Dès que tu auras examiné ce magnifique joyau. Je reçois à nouveau tes images. Tout va bien ! »

Décode le message inscrit autour de la pierre précieuse.

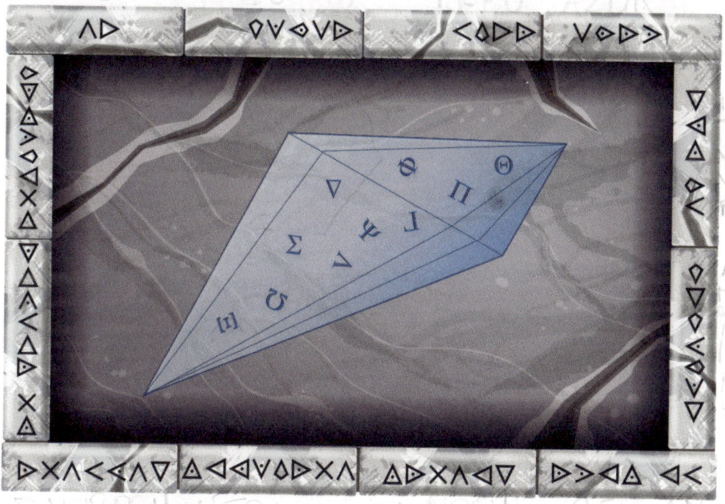

Si tu penses avoir réussi à décoder le message, lis le paragraphe **13**.

100

Sitôt la dernière pierre insérée dans son logement, une vibration trouble l'eau et une intense lumière blanche illumine le portail. D'abord ébloui, tu finis par discerner un étrange tourbillon à l'intérieur.

« Ariane, j'ai ouvert le passage ! t'exclames-tu.

– Bravo, Théo ! Je suis au-dessus de toi. Où en est ton oxygène ?

– Il me reste 15 minutes. Je vais aller voir ce qu'il y a de l'autre côté.

– Fais attention, c'est peut-être dangereux.

– Ne t'inquiète pas, je serai prudent. »

Tu nages droit vers le portail. Après un instant d'hésitation, tu passes à travers le tourbillon. Une fois arrivé de l'autre côté, tu t'arrêtes, ébahi. Le paysage sous-marin a totalement changé. D'innombrables bâtiments se dressent devant toi. Ils sont à la fois magnifiques et mystérieux. C'est une ville entière qui se trouve là, au fond de la mer. Il n'y a plus aucun doute possible, tu es devant l'Atlantide !

« Tu as vu ça, Ariane ?! » demandes-tu, désireux de partager avec elle cette incroyable découverte.

Étonnamment, tu n'obtiens pas de réponse. Que se passe-t-il ? Tu as soudainement le sentiment d'être seul au monde. Cette cité est resplendissante. Les constructions sont harmonieuses et ne semblent pas avoir subi l'usure du temps. Tu nages au milieu de bâtiments plus élégants les uns que les autres. Certains sont recouverts d'or, d'autres d'argent. À l'image de Poséidon à qui est dédiée cette cité mythique, tous dégagent une impression de perfection divine. Tu voudrais passer des heures à tout explorer, mais le temps te manque. Ta bouteille d'oxygène est presque vide et tu dois vite remonter. Tu files à nouveau vers le portail à grands coups de palmes et le traverses après avoir jeté un dernier regard vers cet endroit merveilleux. Une fois de l'autre côté, tu retrouves un paysage sous-marin tout à fait normal. C'est comme si tu venais de rêver. L'Atlantide a disparu. Les pierres que tu as placées sur le portail s'échappent d'elles-mêmes de leurs logements et vont se disperser dans le sable, parmi les autres.

« Alors, Théo, tu y vas ou pas ? » demande Ariane.

Ta bouteille est vide. Affolé, tu ne réponds pas. Ta seule chance de survie est d'aller droit vers la surface. En apnée, tu remontes aussi vite que possible. Ton regard se voile, tes membres s'engourdissent, tu perds tes repères et la surface de la mer n'est toujours pas là. Soudain, dans un éclair de lucidité, tu parviens à distinguer la coque d'un bateau. Tu jaillis hors de l'eau et prends une grande bouffée d'air. Épuisé, tu te laisses porter par l'eau et tu t'évanouis.

Lis le chapitre **Conclusion**.

CONCLUSION

Tempus fugit

Tu te réveilles en sursaut, sur le lit d'une cabine de bateau. Ariane est à tes côtés, souriante.

« Heureuse de te voir refaire surface, Théo, déclare-t-elle. Ça va mieux ?

– Oui, mais c'était limite. Je n'ai pas vu le temps passer et j'ai failli manquer d'air.

– Je ne comprends pas, tu as dit qu'il te restait 15 minutes dans ta bouteille.

- Oui, et je les ai passées de l'autre côté du portail.

– Tu plaisantes ou quoi ? Tu es remonté tout de suite après l'avoir activé.

– Non, je l'ai franchi ! Ariane, j'ai visité l'Atlantide ! »

Ariane est sceptique. Elle sort de la cabine et reviens avec ta bouteille de plongée.

« Elle est vide, déclare-t-elle. Il a dû y avoir une fuite.

– Non, tout a bien fonctionné. Je crois qu'il y a une autre explication.

– Comment ça ?

– Le temps ne s'écoule pas de la même façon de l'autre côté du portail.

– Tu penses donc que l'Atlantide se trouve dans une dimension parallèle ?

– C'est la seule explication rationnelle possible... »

La mythique Atlantide

Sur le chemin du retour, tu repenses à l'aventure que tu viens de vivre avec Ariane. C'était incroyable. Les Hommes cherchent vainement l'Atlantide depuis plus de 2 000 ans. Au Moyen Âge, les templiers ont sillonné la région méditerranéenne. Ils en ont trouvé la carte – cette topaze qui a vraisemblablement été taillée durant l'Antiquité – et ont compris que les Sept Merveilles du monde antique en étaient les clés. À leur époque, ils n'avaient pas les moyens de se rendre dans ce royaume englouti. Ils savaient néanmoins qu'il s'agissait d'un immense trésor, un trésor historique, et c'est pour cela qu'ils ont gardé précieusement ce secret.

Cette chasse au trésor a dépassé tes rêves les plus fous. Grâce à la mémoire interne de tes lunettes, tu montres tes découvertes à Ariane et dissipes ses doutes. Le surnaturel semble être intimement lié à l'Atlantide, mais, après tout, n'est-ce pas logique pour une cité dédiée au dieu Poséidon ?

Comme toi, Ariane est très enthousiaste. Cependant, vous décidez de ne rien révéler pour l'instant. Votre prochaine expédition restera confidentielle et consistera évidemment à explorer ce mythique royaume englouti. Tu es impatient de comprendre l'histoire de l'Atlantide, de connaître son peuple et, qui sait, d'en rencontrer des représentants. Mais ceci est une autre histoire...

Bravo, tu es parvenu au bout de cet escape game !
Tourne vite la page pour calculer ton score.

TON SCORE

Note dès maintenant l'heure de fin sur ta **Feuille de route** (n'oublie pas le temps à ajouter qui y est éventuellement noté !).

Pour calculer ton score, tu vas te baser sur ton chrono, sur le nombre de pièces spéciales trouvées, ainsi que sur les indices et solutions utilisés durant ton aventure.

Marque 10 points si tu as réussi l'aventure en moins de deux heures, ou 5 points s'il t'a fallu plus de temps.

- Ajoute 1 point par case **Pièces** cochée.
- Enlève 1 point par case **Solutions** cochée.
- Enlève ½ point par case **Indices** cochée.

Total des points :

Le résultat de ce calcul t'indiquera ta performance de chasseur de trésors.

Plus de 10 points

Bravo, tu as brillamment réussi cette aventure ! Ta chasse au trésor a été passionnante et grandiose. Tu as fait une découverte fantastique et la mythique Atlantide te tend désormais les bras.

De 5 à 10 points

Tu es parvenu au bout de cette aventure avec les honneurs. Les chasses aux trésors ne sont jamais faciles. En t'entraînant un peu, tu devrais pouvoir les mener encore plus efficacement lors d'un nouvel essai…

Moins de 5 points

Avoir réussi à trouver l'Atlantide est un véritable exploit. Cependant, tu aurais certainement pu faire mieux. N'hésite pas à recommencer, ce livre te donne l'incroyable pouvoir de remonter le temps…

INDICES

7

Les rectangles d'herbe ressemblent à des dominos dont chacune des deux valeurs peut aller de 0 à 6. Il y a des séries logiques à trouver sur les lignes et les colonnes. Coche une case **indices** et retourne au paragraphe 7.

18

La tête de chaque requin est dirigée vers un endroit différent. Les lettres qu'ils regardent pourraient certainement former un mot. Coche une case **indices** et retourne au paragraphe 18.

24

Sers-toi du repère formé par la ficelle pour les quatre positions de l'assemblage. Elle peut indiquer plusieurs symboles. Sont-ils toujours différents ? Coche une case **indices** et retourne au paragraphe 24.

27

Procède par élimination. Par exemple, le plongeur A ne peut pas monter car si c'était le cas, il mentirait et ce ne serait pas possible car celui qui va monter dit la vérité. Coche une case **indices** et retourne au paragraphe 27.

32

Parmi tous ces symboles, il y en a sept que tu as déjà vus dans les Sept Merveilles du monde antique. Si tu as du mal à t'en rappeler, utilise les notes de ta **Feuille de route**. Coche une case **indices** et retourne au paragraphe 32.

45

Les lettres notées sur ces pancartes ne pourraient-elles pas correspondre à des initiales ? N'oublie pas de lire attentivement la question car la réponse s'y trouve peut-être. Coche une case **indices** et retourne au paragraphe 45.

48

Plutôt que de chercher au hasard la case de départ, essaye de trouver celle qui permet de sortir du rectangle et remonte la trajectoire. Coche une case **indices** et retourne au paragraphe 48.

59

N'oublie pas que le soleil est exactement à l'ouest et que l'ombre de la colonne est donc exactement à l'est, alors qu'il est 18 heures UTC. De la même manière, à 12 heures UTC, le soleil est exactement au sud, et l'ombre est alors au nord. Coche une case **indices** et retourne au paragraphe 59.

65

Ce que tu cherches est petit. Observe tous les détails de la photo satellite. Ne repères-tu pas un symbole ressemblant à une spirale ? Coche une case **indices** et retourne au paragraphe 65.

72

Il faut utiliser quatre grands carrés et deux petits. Les carrés peuvent être tournés de 45 degrés pour former des losanges. Coche une case **indices** et retourne au paragraphe 72.

75

Les nombres que tu distingues sur les pierres ont certainement une signification. Et si c'était la position des lettres dans l'alphabet ? Dans ce cas, chaque nombre correspondrait à une lettre. L'une d'entre elles aurait peut-être quelque chose de particulier. Coche une case **indices** et retourne au paragraphe 75.

78

Observe attentivement tous les détails de ce mur de pierres. Certains traits ne te font-ils pas penser à quelque chose ? Il y a certainement un mot caché. Coche une case **indices** et retourne au paragraphe 78.

87

Les morceaux de miroir peuvent réfléchir la lumière. En en fixant plusieurs judicieusement avec quelque chose que tu possèdes, tu dois pouvoir amener le rayon de soleil sur la mèche du bâton de dynamite. Enfin, n'oublie pas d'utiliser le joyau bleu pour concentrer le rayon. Coche une case **indices** et retourne au paragraphe 87.

93

Fais glisser les cartouches foncés les uns après les autres dans le sens de leur longueur. En quelques mouvements, tu devrais pouvoir dégager la place à droite du cartouche clair afin qu'il puisse sortir du cadre. Coche une case **indices** et retourne au paragraphe 93.

99

Les symboles présents sur les bords du piédestal correspondent évidemment à un code templier. Utilise le codex que tu as trouvé, et n'oublie pas de changer ton sens de lecture lorsque tu changes de côté. Coche une case **indices** et retourne au paragraphe 99.

SOLUTiONS

7

« Ariane, ces colonnes sont aussi dispersées que mes idées.

– Regarde, Théo : chaque rectangle d'herbe ressemble à un domino qui comporte deux valeurs pouvant aller de 0 à 6. Horizontalement et verticalement, la logique est d'ajouter 1. Lorsqu'on ajoute 1 à 6, on revient à 0. Il y a donc une colonne en trop dans le rectangle du bas. »

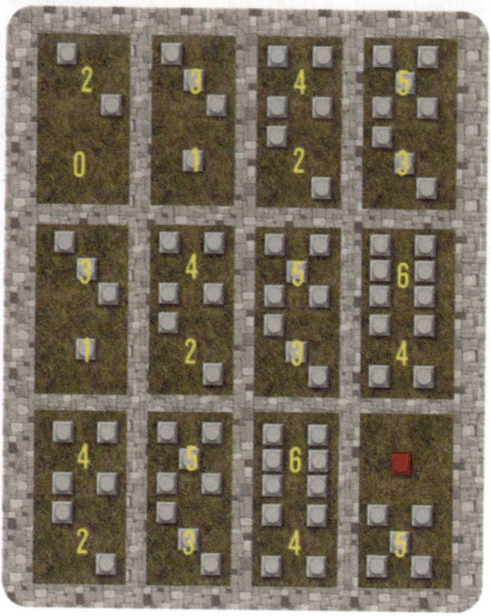

Coche une case **Solutions** et lis le paragraphe 39.

18

« Au secours, Ariane ! Ces requins ont une dent contre moi !

– Ne t'inquiète pas, Théo. Chaque requin regarde dans une direction différente qui correspond à une lettre. En les observant, tu peux identifier les lettres P, A, I, S, I, B, L et E. Il te faut donc avoir une attitude PAISIBLE pour passer sans les énerver. »

Coche une case **Solutions** et lis le paragraphe 32.

24

« Je ne vois pas ce qu'il y a de remarquable, Ariane.

– Regarde bien. Quel que soit l'anneau par lequel pend l'assemblage, la ligne verticale qui est dans le prolongement de la ficelle passe toujours par le symbole Ψ. C'est ce symbole qui est remarquable. »

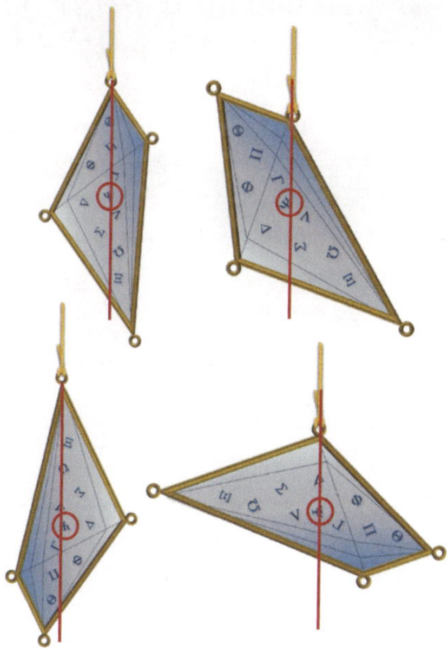

Coche une case **Solutions** et lis le paragraphe **62**.

27

« Ariane, je suis dans le flou, aide-moi !

– La seule solution possible est que le plongeur B monte. Comme il dit la vérité, le plongeur A va aller à gauche et le plongeur C, qui ment, ira à droite.»

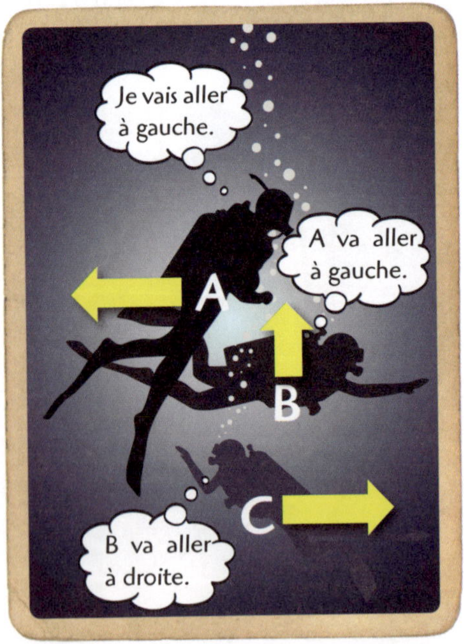

Coche une case **Solutions** et lis le paragraphe **49**.

32

« Ariane, tous ces symboles se mélangent dans mon esprit. Peux-tu m'aider ?

– Bien sûr, Théo. J'ai tout enregistré sur mon ordinateur. Voici les sept symboles à choisir. »

Coche une case **Solutions** et lis le paragraphe 100.

45

« Ariane, les lettres et les colonnes se bousculent dans ma tête. Peux-tu m'aider ?

– Évidemment, Théo. Les lettres des pancartes correspondent aux initiales des mots de la question : "Quelle Lettre Ne Devrait Pas Être Ici ?" Le S est donc la seule lettre qui ne correspond à l'initiale d'aucun mot. »

Coche une case **Solutions** et lis le paragraphe 57.

48

« Ariane, je ne m'en sors pas avec le bathyscaphe. Guide-moi, s'il te plaît.

– Je t'envoie la carte sous-marine. La case de départ permettant de parcourir toutes les cases en suivant les directions est en surbrillance. »

Coche une case **Solutions** et lis le paragraphe 8.

59

« Ariane, j'ai du mal à lire l'heure solaire. Éblouis-moi, s'il te plaît.

– Le soleil est exactement à l'ouest. L'ombre de la colonne est donc exactement à l'est, et il est 18 heures UTC. À 12 heures UTC, l'ombre sera au nord puisque le soleil sera au sud. Chaque quart de tour représente donc 6 heures. À 10 h 30 UTC, l'ombre sera ainsi entre les repères de 10 heures et 11 heures. Il n'y a qu'une pierre qui se trouve dans son prolongement. »

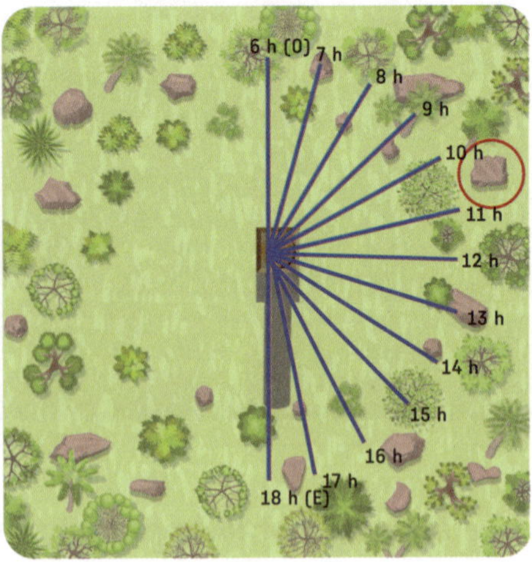

Coche une case **Solutions** et lis le paragraphe 44.

65

« Je vois rouge, Ariane !

– Ne t'énerve pas, Théo. Il y a une forme étrange sur la photo. Elle ressemble à une spirale carrée. Ce sont certainement les anciens jardins suspendus qui ont laissé cette trace. Je l'affiche dans tes lunettes. »

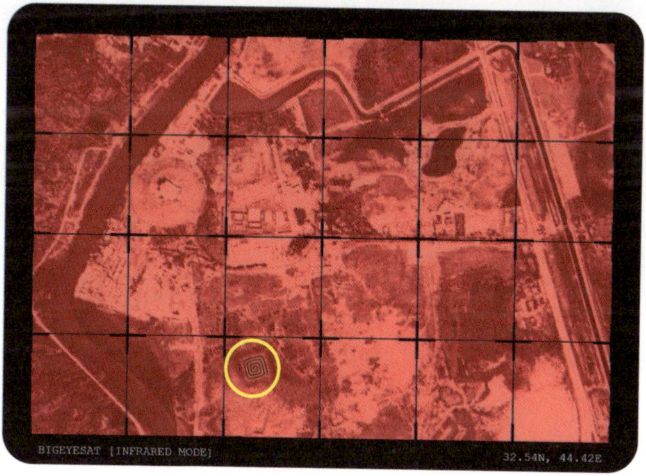

Coche une case **Solutions** et lis le paragraphe 79.

72

« Comment trouver la trace d'une statue dans un temple dont il ne reste presque plus rien, Ariane ?

– Mon ordinateur propose une solution, Théo. Il y a des variantes pour les petits carrés, mais celle-ci fonctionne parfaitement. Je t'envoie le découpage en carrés sur les lunettes. »

Coche une case **Solutions** et lis le paragraphe 55.

75

« Si seulement mes idées étaient aussi claires que cette eau, Ariane. Ces numéros ne me parlent pas. Es-tu inspirée ?

– Je pense avoir compris, Théo. Si on associe chaque numéro à la position des lettres dans l'alphabet, on remarque qu'ils correspondent tous à une consonne, à l'exception du numéro 15 qui correspond à la lettre O, qui est une voyelle. C'est cette pierre qu'il faut examiner de plus près. »

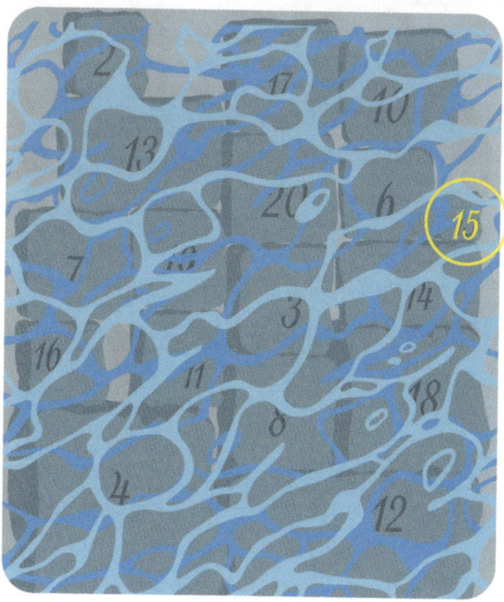

Coche une case **Solutions** et lis le paragraphe **46**.

78

« Ce mur est d'une solidité sans faille, Ariane !

– Détrompe-toi, Théo. Observe attentivement les traits sur les pierres. Ils permettent de dessiner les lettres F, I, S, S, U, R et E, qui forment le mot FISSURE. J'affiche l'image dans tes lunettes. »

Coche une case **Solutions** et lis le paragraphe 87.

87

« J'ai beau chercher, je ne vois pas comment faire, Ariane.

– J'ai une solution, Théo. Brise le **MIROIR ÉBRÉCHÉ** et colle six morceaux sur les murs à l'aide de **CHEWING-GUMS**, de sorte que le rayon de soleil soit réfléchi jusqu'à la mèche du **BÂTON DE DYNAMITE**. En plaçant le **JOYAU BLEU** juste devant, concentre la lumière et allume la mèche. Attention, n'oublie pas de te protéger derrière les rochers ! »

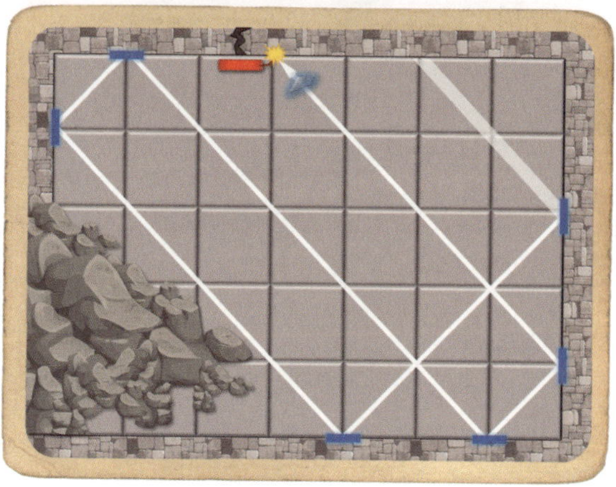

Coche une case **Solutions** et lis le paragraphe 36.

93

« J'ai beau faire coulisser ces cartouches dans tous les sens, je n'arrive pas à extraire celui de Kheops.

– Il faut y aller pas à pas, Théo. Commence par faire glisser à gauche le petit du bas. Puis descends le petit qui était au-dessus et monte le grand de gauche. Cela te permet de faire glisser tout à gauche le grand horizontal, puis de descendre les trois grands verticaux qui sont à droite. Le cartouche de Kheops peut alors sortir. J'affiche la position finale dans tes lunettes. »

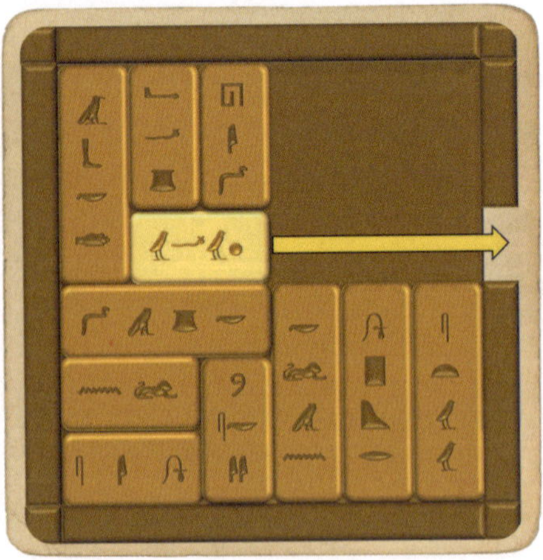

Coche une case **Solutions** et lis le paragraphe **56**.

99

« Ce code me résiste, Ariane. Peux-tu m'aider ?

– Bien sûr, Théo. Tu dois utiliser le **CODEX TEMPLIER** que tu as trouvé dans les égouts. Tu dois également penser à changer le sens de lecture quand tu changes de côté, sinon les lettres seront fausses. Le message dit : " CE JOYAU BLEU AZUR EST LA MÉMOIRE DE SEPT GÉANTS ANTIQUES GARDANT UN SECRET ENGLOUTI." Intéressant, non ? »

Coche une case **Solutions** et lis le paragraphe **83**.

CRÉDITS DES ILLUSTRATIONS

p. 5 : © ClassicVector/Shutterstock.com ; p. 6 : © johavel/Shutterstock.com ; p. 7 : © Iconbunny11/Shutterstock.com ; p. 7 : © kavalenkava/Shutterstock.com ; p. 8 : © Mushakesa/Shutterstock.com ; p. 10 : © Igogosha/Shutterstock.com ; p. 11 : © Bourbon-88/Shutterstock.com ; p. 12 : © Oleksandra Klestova/Shutterstock.com ; p. 14 : © locote/Shutterstock.com ; p. 14 : © ThreeDiCube/Shutterstock.com ; p. 15 : © Acrylik Vectors/Shutterstock.com ; p. 18 : © eachLoveU/Shutterstock.com ; p. 22 : © Fahad Atrafi/Shutterstock.com ; p. 24 :© 7ulystudio/Shutterstock.com ; p. 26 : © Rvector/Shutterstock.com ; p. 28 : © Athanasia Nomikou/Shutterstock.com ; p. 30 : © Multipedia/Shutterstock.com ; p. 33 : © Multigon/Shutterstock.com ; p. 36 : © Breaking The Walls/Shutterstock.com ; p. 37 : © OlgaChernyak/Shutterstock.com ; p. 38 : © Modvector/Shutterstock.com ; p. 39 : © Skryl Sergey/Shutterstock.com ; p. 40 : © Alex Gontar/Shutterstock.com ; p. 41 : © Multipedia/Shutterstock.com ; p. 42 : © RONIN001/Shutterstock.com ; p. 45 : © Natali Snailcat/Shutterstock.com ; p. 46 : © ClassicVector/Shutterstock.com ; p. 48 : © Dolimac/Shutterstock.com ; p. 50 : © Shpadaruk Aleksei/Shutterstock.com ; p. 52 : © Monster_Design/Shutterstock.com ; p. 53 : © Multipedia/Shutterstock.com ; p. 54 : © Titinan engpuosri/Shutterstock.com ; p. 55 : © klyaksun/Shutterstock.com ; p. 57 : © Andrii_M/Shutterstock.com ; p. 58 : © November_Seventeen/Shutterstock.com ; p. 59 : © HstrongART/Shutterstock.com ; p. 59 : © Andrii_M/Shutterstock.com ; p. 60 : © GN.Studio/Shutterstock.com ; p. 61 : © Alex Gontar/Shutterstock.com ; p. 62 : © delcarmat/Shutterstock.com ; p. 66 : © Sensvector/Shutterstock.com ; p. 67 : © Andrii_M/Shutterstock.com ; p. 68 : © optimarc/Shutterstock.com ; p. 69 : © Andrii_M/Shutterstock.com ; p. 70 : © Massimo Todaro/Shutterstock.com ; p. 72 : © Shpadaruk Aleksei/Shutterstock.com ; p. 73 : © omeon1/Shutterstock.com ; p. 76 : © Rvector/Shutterstock.com ; p. 78 : © YaserBarakzy/Shutterstock.com ; p. 85 : © Multipedia/Shutterstock.com ; p. 89 : © briddy/Shutterstock.com ; p. 89 : © d1sk/Shutterstock.com ; p. 89 : © vividvic/Shutterstock.com ; p. 91 : © poramet panjaroen/Shutterstock.com ; p. 93 : © ClassicVector/Shutterstock.com ; p. 94 : © 7ulystudio/Shutterstock.com ; p. 95 : © DG-Studio/Shutterstock.com ; p. 98 : © BlueRingMedia/Shutterstock.com ; p. 103 : © 313design/shutterstock.com ; p. 108 : © pupahava/Shutterstock.com ; p. 108 : © mspoint/Shutterstock.com ; p. 109 : © Kopirin/Shutterstock.com ; p. 111 : © Anatolir/Shutterstock.com ; p. 111 : © Spreadthesign/Shutterstock.com ; p. 113 : © Oleksandra Klestova/Shutterstock.com ; p. 114 : © delcarmat/Shutterstock.com ; p. 115 : © Macrovector/Shutterstock.com ; p. 117 : © Natali Snailcat/Shutterstock.com ; p. 119 : © vectorpouch/Shutterstock.com ; p. 121 : © Doru San/Shutterstock.com ; p. 123 : © kavalenkava/Shutterstock.com ; p. 123 : © margocha8/Shutterstock.com ; p. 130 : © Athanasia Nomikou/Shutterstock.com ; p. 132 : © Skryl Sergey/Shutterstock.com ; p. 133 : © Natali Snailcat/Shutterstock.com ; p. 134 : © ClassicVector/Shutterstock.com ; p. 135 : © Alex Gontar/Shutterstock.com ; p. 136 : © Shpadaruk Aleksei/Shutterstock.com ; p. 139 : © briddy/Shutterstock.com ; p. 139 : © d1sk/Shutterstock.com ; p. 139 : © vividvic/Shutterstock.com ; p. 140 : © poramet panjaroen/Shutterstock.com

Autres illustrations d'animation graphique : © Shutterstock.com

Achevé d'imprimer par GRAFO en Espagne

Dépôt légal : février 2022. 329646/01

N° de projet : 11048646 - février 2022

PAPIER À BASE DE FIBRES CERTIFIÉES

LAROUSSE s'engage pour l'environnement en réduisant l'empreinte carbone de ses livres. Celle de cet exemplaire est de : 500 g éq. CO_2 Rendez-vous sur www.larousse-durable.fr